中国农村经济评论

China Rural Economic Review

2024年第1辑

（总第1辑）

农业农村部农村经济研究中心 ◎ 主编

中国出版集团有限公司
研究出版社

图书在版编目 (CIP) 数据

中国农村经济评论. 第1辑 / 农业农村部农村经济研究中心主编. — 北京 : 研究出版社, 2024.10.
ISBN 978-7-5199-1727-2
Ⅰ. F32-53
中国国家版本馆CIP数据核字第202424RP95号

出 品 人：陈建军
出版统筹：丁　波
策划编辑：寇颖丹
责任编辑：韩　笑

中国农村经济评论 第1辑
ZHONGGUO NONGCUN JINGJI PINGLUN DIYIJI
农业农村部农村经济研究中心　主编
研究出版社 出版发行
（100006　北京市东城区灯市口大街100号华腾商务楼）
北京建宏印刷有限公司印刷　新华书店经销
2024年10月第1版　2024年10月第1次印刷
开本：710毫米×1000毫米　1/16　印张：8.75
字数：138千字
ISBN 978-7-5199-1727-2　定价：48.00元
电话（010）64217619　64217652（发行部）

版权所有·侵权必究
凡购买本社图书，如有印制质量问题，我社负责调换。

编辑委员会

主　任

金文成

编　委（按姓氏笔画排序）

王　欧　王忠海　孔祥智　龙文军　朱　晶

刘俊杰　刘守英　杜志雄　杨春华　何安华

张雯丽　张照新　张灿强　张红宇　陈　洁

金书秦　胡向东　姜　楠　姜长云　高　鸣

郭晓鸣　唐　忠　黄季焜　曹　慧　韩一军

廖洪乐　谭智心　翟雪玲

编辑部主任

陈艳丽

卷首语

党的二十大把加快建设农业强国摆上建设社会主义现代化强国的重要位置。加快建设农业强国，全面推进乡村振兴，需要汇聚各方智慧、集聚更大力量，提供有力的理论支撑和智力支持。

农业农村部农村经济研究中心（以下简称"中心"）作为农业农村部直属的政策咨询机构，以每天一篇报告的频率，向社会推出了大量优秀的研究成果，成为国内外"三农"领域有广泛影响力的政策研究机构。2024年，中心推出《中国农村经济评论》系列丛书，作为国家"三农"高端智库建设的一项重要成果，着力在学术引领和政策支撑方面发挥重要作用。

中心将秉承权威性、专业性、前瞻性的优良传统，重点围绕习近平总书记关于"三农"工作重要论述的学理化阐释、跟踪农业发展经济学等学科前沿、实证研究农业农村发展重大问题，把《中国农村经济评论》打造成适应新时代要求、服务乡村振兴的高端学术交流平台。

《中国农村经济评论》将坚持立足"大国小农"的国情农情、对标国际学术平台，以守正创新为本，与全国

"三农"学界共进，为"三农"大局服务，努力将自身打造成为讲好中国"三农"故事、总结中国"三农"经验、传播中国"三农"好声音的重要阵地！

办好《中国农村经济评论》离不开广大作者、读者、专家学者和社会各界的关心帮助，我们组建编委会，吸纳"三农"学术领域专家，共同提升理论水平和学术价值。为弘扬优良学风、凝聚学界力量，突出特色，发挥创新引领作用，我们将全面加强编审工作，提升稿件质量，携手同心共同营造风清气正的学术氛围，加强研究交流，积极联合科研院所，搭建学术研究服务国家"三农"发展大局的交流合作平台，加快推进"三农"学术研究与政策研究高质量融合发展，积极构建中国"三农"理论体系，全力以赴"把论文写在祖国大地上"，为推进中国式现代化贡献智慧。

《中国农村经济评论》编辑部

2024 年 10 月

目 录

新时代新征程我国粮食等重要农产品稳产保供若干重点问题研究
………………… 张义博　周　振　肖　潇　涂圣伟　蓝海涛（ 1 ）

我国城乡融合发展的现实困境、关键矛盾与机制创新
…………………………………… 郭晓鸣　罗巧玲　高　杰（ 17 ）

城乡融合、农民增收与共同富裕
………………………………………………… 陈斌开　王子栋（ 30 ）

全力做好我国农业农村现代化的时代答卷
………………………………………………………… 袁红英（ 46 ）

扩大内需战略背景下促进农村居民消费升级的路径与对策
………………………………………………………… 朱文博（ 59 ）

改革开放以来农村集体产权制度改革逻辑演进与价值指向
………………………………………………… 马鑫红　巩前文（ 81 ）

家庭农场土地证券化融资问题研究
………………………………………………… 刘灵辉　罗　意（ 98 ）

2023 乡村振兴（太谷）论坛观点综述
……………………… 王慧敏　李　竣　郑庆宇　黄　义（112）

ABSTRACTS ……………………………………………………（121）

投稿须知……………………………………………………………（127）

新时代新征程我国粮食等重要农产品稳产保供若干重点问题研究

张义博[1]　周　振[1]　肖　潇[2]　涂圣伟[1]　蓝海涛[2]

（1. 中国宏观经济研究院产业经济与技术经济研究所；
2. 中国宏观经济研究院经济研究所）

摘　要： 新时代新征程我国粮食等重要农产品稳产保供面临全球经济阵营化、新一轮世界农业政策博弈、食品消费结构重大调整、城镇化进入中后期等重大外部环境变化，在生产、加工、流通、储备、进口等产业链各环节均存在一些不容忽视的风险点。极端情形下，粮食产需缺口将超过1.1亿吨，人民美好生活情形下，大豆自给率上限仅为36%，亟需统筹处理好总量安全与结构合理、平时安全与极端保供、自给安全与进口调剂"三大关系"，实施统筹化解米豆之争和生物育种产业化，推进新一轮千亿斤粮食提升行动，补齐粮食等重要农产品产业链供应链短板，构建"平急兼备"的现代粮食生产供应体系，打造"以我为主"的全球粮食供应链等，有效提升粮食等重要农产品综合生产能力、加工流通能力、应急保供能力和市场掌控能力。

关键词： 粮食；重要农产品；风险点

进入新时代新征程，我国重要农产品稳产保供的外部环境发生很大变化，国际地缘政治格局变化、全球经贸形势变化、异常气候变化等交织，特别是我国台海、南海等周边局势波谲云诡，地缘冲突风险上升，导致短缺农产品和关键农用物资进口受限等极端情形风险增多，加大了未来重要农产品稳产保供的风险压力。目前，我国虽然已构建了比较成型的重要农产品稳产保供体系，能够基本满足正常情境下居民对重要农产品的需求，但要确保极端情景下重要农产品供应得上,当前的重要农产品稳产保供体系依然存在一些突出短板制约,主要表现为饲料粮玉米和油料大豆短缺,钾肥资源对外依存度高,粮食等重要农产品国际物流通道隐患多等问题。深入剖析上述突出问题及深层原因,提出前瞻性可操作性的对策建议,对筑牢新时代新征程我国重要农产品稳产保供体系,应对未来极端情形的挑战,夯实中国式现代化道路的农业基础具有极为重要的战略意义。

一、新时代新征程我国粮食稳产保供面临新挑战和新要求

"十四五"及未来一段时期,国际地缘政治和经贸格局复杂多变,与我国人口结构变迁、收入跃升、消费升级等相互交织,我国粮食稳产保供面临的形势发生深刻变化。

(一)全球经济区域化、阵营化,依靠进口调节国内粮食余缺难度变大

当前及今后一个时期,贸易保护主义与地缘政治冲突交织,经济合作的圈层化加速割裂全球化纵向联系,我国通过全球自由贸易解决国内粮食和重要副食品余缺难度增加。一是主要粮食进口来源国过于集中。2021年我国93.7%的进口大豆来自美国、巴西,99%的进口玉米来自美国和乌克兰(见表1)。地缘政治冲突下,农资价格高涨、出口限制增多、国际粮商囤粮操纵市场等,将推高粮价、减少贸易量,极易导致国内短缺的粮食"买不到"。二是当前粮食政治化加剧。全球粮食危机下,各国更加重视提高本国粮食自给率,增强自主控制力,限制农业外商投资,阻滞我国农业"走出去"。三是粮食海运通道风险增大。我国海外粮食回运途经的咽喉要道、关键补给点、重要港口等都被美国等西方国家控制,极端情况下"运不回"的风险较大。

表 1　2021 年我国主要粮食进口情况

类别	产量（万吨）	进口量（万吨）	对外依存度（%）	主要进口国家
大豆	1960	9652	83.1	巴西、美国、阿根廷、俄罗斯
玉米	27255	2835	9.4	美国、乌克兰、俄罗斯
小麦	13695	977	6.7	澳大利亚、美国、加拿大、法国
稻谷	21284	496	2.3	越南、印度、巴基斯坦、缅甸、泰国
高粱	291	942	76.4	美国、法国、乌克兰
大麦	96	1248	92.9	法国、美国、加拿大

注：对外依存度=进口量/（本国产量+进口量）。
数据来源：wind 数据库。

（二）世界农业竞争博弈加剧，我国农业政策作用受到的干扰增多

百年未有之大变局下，农业国际合作不确定性增多，对我国农业政策调整优化带来更多挑战。一方面，西方发达国家主张取消我国发展中国家地位，再加上受入世承诺影响，我国农业国内支持总量持续增加空间不足。另一方面，国际粮食金融化、能源化，加剧粮价波动（见图1）。随着我国饲料粮进口增多，国内粮价与国际市场联动性增强，导致国际粮价宽幅波动更易传导到国内，国内农业结构调整也因此更易受到比价关系变化扰乱。

图 1　1960—2022 年全球粮价和油价走势

数据来源：wind 数据库，谷物价格指数来自世界银行统计数据。

（三）迈入高收入国家行列与人口老龄化叠加，粮食消费结构进入重要调整期

当前，我国人口总量和经济发展迎来历史性阶段变化，城乡居民食物需求也将出现重要调整。基于韩国等东亚饮食圈居民消费变化规律，当人均GDP稳定超过1万美元并跨入高收入国家行列时，居民肉类消费增加将引致口粮消费总量减少、饲料粮消费快增（见图2）。同时，我国人口规模总量已连续两年负增长，正处于拐点变化阶段，人口老龄化加速，将会引发食品消费需求结构变化，对我国农业结构调整形成更大压力。

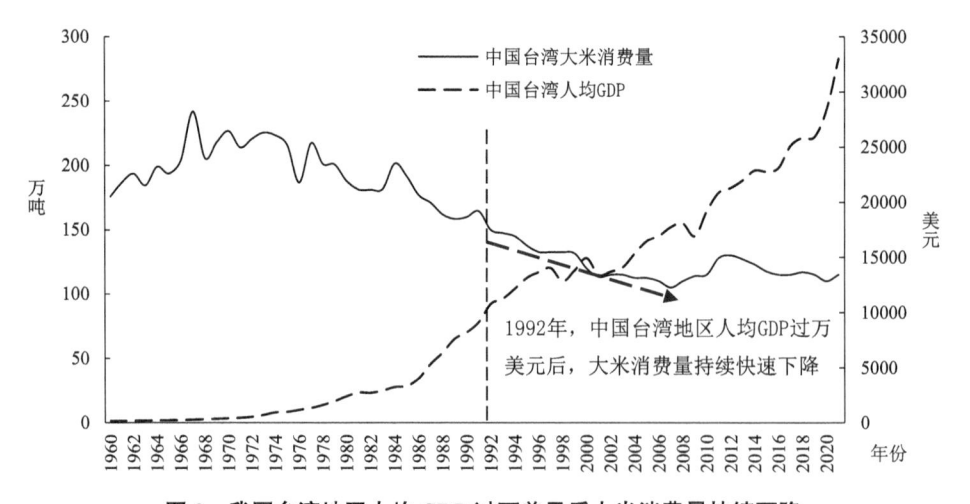

图2 我国台湾地区人均GDP过万美元后大米消费量持续下降

数据来源：wind数据库。

（四）人口流动从迁徙转向定居，粮食的供给效率提升与风险并存

我国城镇化的进一步发展，特别是人口流动趋势的改变，将对粮食的生产供应产生新的重要影响。一方面，农业转移人口市民化步伐加快，有利于促进承包地流转甚至有偿退出，提升粮食等重要农产品的规模经营水平和生产效率。另一方面，一定区域内的粮食生产供应能力与其人口集聚水平背离的现象可能愈发突出，增加了粮食大运量、长运距调运的流通风险，也对粮

食区域空间布局提出新挑战。2000年以来，全国五个粮食调出省、自治区粮食产量保持了快速增长态势，但人口总量及其全国占比趋于下降（见图3），五个粮食主销省则正好相反（见图4）。

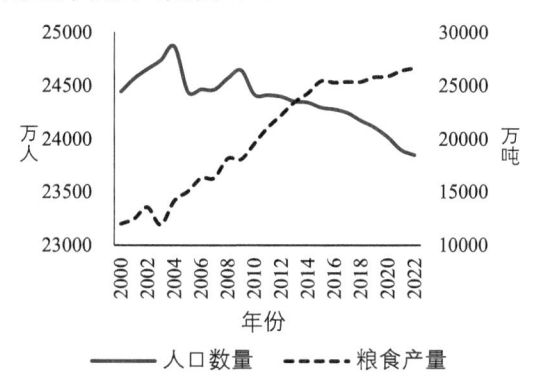

图 3 五个粮食调出省、自治区人口与粮食产量变化

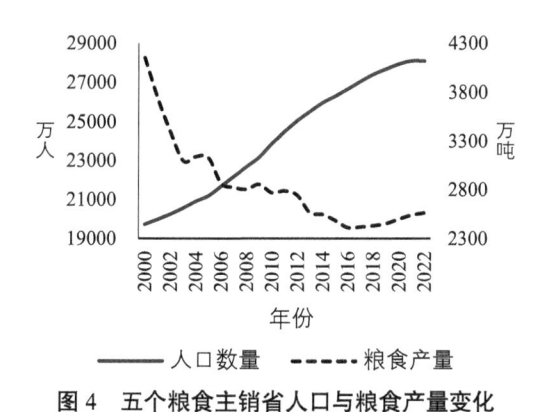

图 4 五个粮食主销省人口与粮食产量变化

注释：数据来自国家统计局，其中五个粮食调出省、自治区为黑龙江、河南、吉林、安徽、内蒙古自治区，五个粮食主销省选取了我国粮食自给率最低的五个省市，分别为北京、上海、广东、浙江、福建。

二、我国粮食全产业链风险点梳理和识别

确保粮食安全，不仅要关注生产环节，也要有全产业链思维，从稳定性、安全性和竞争力角度，系统梳理生产、加工、流通、储备、贸易等方面可能存在的风险点。

（一）生产环节：重要农资存在国际断供风险，极端自然灾害呈现多发高发态势

一是钾肥等重要农资稳定供应面临较大风险。我国钾肥进口依存度一直维持在50%的高位，近年我国从加拿大、白俄罗斯、俄罗斯进口比例分别约为40%、20%、25%。受地缘政治影响，我国进口白俄罗斯、俄罗斯的钾肥受运力、美国长臂管辖等多种因素限制，进口加拿大钾肥资源面临较大不确定性。二是自然灾害、动植物疫病风险增多。过去50年，全球与天气、气候有关的灾害数量增加了5倍，未来我国极端高温、冰冻、干旱、洪涝等风险敞口日益扩大，给我国粮食生产带来严峻挑战。同时，近年来我国草地贪夜蛾、飞蝗、小麦赤霉病、条锈病等农作物病虫害发生危害居高不下，成灾概率增加，威胁粮食稳定生产。

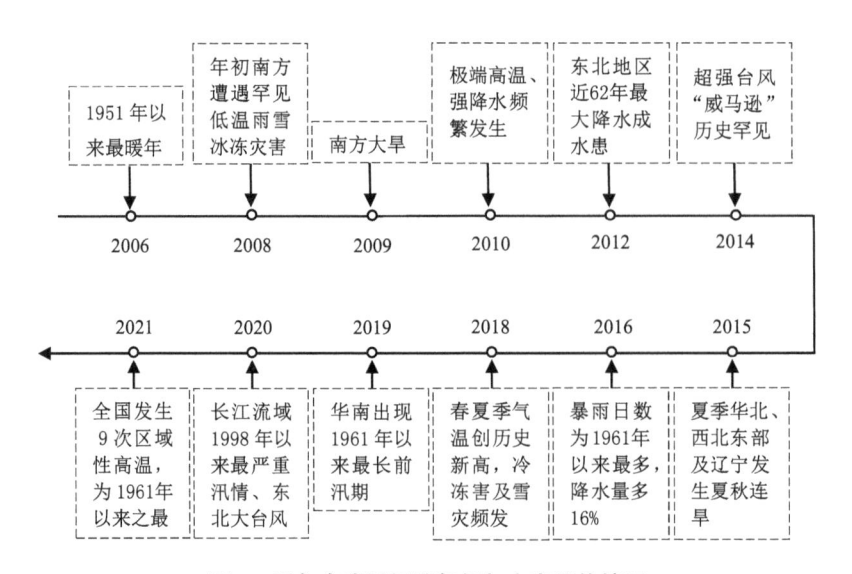

图5 近年来我国极端气候与灾害总体情况

（二）加工环节：粮油加工设备和部分加工产品对外资依赖度高，粮油应急加工品种结构不合理

一是粮油加工机械设备国产率不高。我国粮油加工装备产业发展滞后，

粮食设备制造企业主要以中小型设备为主，大型粮油加工机械设备大部分需要依赖进口。新疆棉花因涉疆问题受到美国制裁，美国已经禁止本国棉花采收机出口中国。一旦出现极端情形，一些对我国实施制裁的国家如同美国一样禁止大型粮油加工机械设备出口我国的可能性很大。二是部分产品加工外资市场占有率过高。如美国ADM与新加坡丰益集团联合成立的益海嘉里是我国食品行业首家营收突破2000亿元的内地上市公司，2022年在国内食用油零售市场占有率达到39%，比排名第二的中粮集团高出23.7个百分点。三是应急加工粮食品种结构不合理。2018年，全国小麦应急加工企业数量占小麦成品粮加工企业总数的41.6%，大米和植物油应急加工企业相对于成品大米和植物油加工企业的占比分别仅为26.2%和26.1%。当发生突发性公共事件时，以大米为主食的地区可能会出现大米暂时性短缺。此外，我国玉米加工政策不稳易造成市场波动风险。近二十多年，我国玉米深加工政策出现了"鼓励—严控—鼓励—严控"的阶段性变化，政策转向较快，每次均造成了较大的市场波动，玉米加工政策尚待机制化、制度化，相关风险隐患依然存在。

（三）流通环节：人口大量向中心城市集聚，超大城市群粮食应急保供安全隐患上升

当前我国大量人口流向京津冀、长三角、粤港澳等七大城市群。据北京大学国家发展研究院研究预测，到2035年预计七大城市群将聚集全国70%以上的人口。主要城市群粮食生产能力赶不上粮食消费增长速度，即便人口集聚有助提升粮食流通效率，但遭遇突发事件时，也会增加粮食安全应急供应压力，极易引发城市群居民恐慌抢粮，不利于社会稳定。

（四）储备环节：极端情形下战略储备粮总量不足，粮食仓储设施区域性矛盾凸显

一是粮食储备领域腐败问题易发频发。粮食储备监管体制机制、方法手

段等方面尚存短板，侵蚀储备粮食安全。二是极端情形下战略储备粮不足。我国在京津沪渝等36个大中城市和市场易波动地区建立了保证15天以上市场供应量的成品粮油储备，但在极端情形下各主要城市均需调粮，现有储备规模难以有效满足需求。三是粮食仓储设施布局不平衡且设施安全性较低。我国粮食仓储设施区域性矛盾凸显，分布过于集中，采用新材料、新技术、新工艺、新装备的高标准粮仓少，数字化监管能力不足，露天仓占比较大，极端情形下安全性较差。

（五）进口环节：粮食国际贸易掌控力较弱，潜藏"有钱买不到"的风险

一是缺乏粮食国际市场定价权。由于缺少实力强大的跨国粮企，往往只能被动接受国际粮食价格。国际资本凭借垄断地位，常围绕"中国需求"炒作粮食价格，使我国陷入"买什么什么涨"的怪圈，潜藏着"有钱买不到粮"的风险。二是成本加运费（CNF）粮食贸易方式不利于我国掌控进口粮食运输过程。当前粮食国际贸易中主要采用成本加运费条款，即卖方负责租船订舱、支付运费进行交易，易被国际船东压港滞期，海外粮食安全回运风险较大。

三、极端情形下我国粮食产需及缺口预测

未来十年，我国将持续构建多元化食物供给体系，农业强国建设将取得显著进展，农业农村现代化水平明显提升，粮食等农产品供给保障能力将大幅提高。同时，随着我国农业关键核心技术不断取得新突破，培育出一批具有自主知识产权的核心种源和节水高抗新品种，玉米大豆生物育种产业化步伐加速推进，先进适用农机装备短板不断补齐，农业科技增产提效显著，都将利好粮食等重要农产品的产量增长。然而，从外部环境看，我国仍面临多方面极端情形的考验，测算极端情形下的粮食产需缺口情况十分必要。

（一）极端情形下的粮食产需缺口测算

当前，我国主要粮食作物种源已基本实现自给自足，除了少部分高端智能农机装备，国产农机市场占用率很高，影响粮食等重要农产品生产的主要因素是农资中的钾肥。钾肥作为作物生长不可替代的肥料，我国对外依存度超过50%。鉴于之前白俄罗斯受到制裁，立陶宛等波罗的海沿岸国家正式禁止白俄罗斯钾肥过境，对我国从白俄罗斯进口钾肥造成了一定障碍，极端情形下加拿大等钾肥资源富集国也可能跟随一些国家对我国实施钾肥出口限制。同时，考虑粮食进口影响因素众多，且我国应对策略也较多，在此我们仅考虑极端情形下钾肥被限制进口对国内粮食生产的影响，以及由此产生的产需缺口。

1. 情景一：面临较为严重的外部冲击

考虑未来发生较为严重的极端情形，钾肥进口规模将在2021年基础上减少20%，引发国内粮食产量的明显下降，粮食单产下降约为30千克/亩。按照国家统计局公布的2022年全年粮食单产为375千克/亩，在不考虑进口替代的条件下，就现有进口规模下粮食单产将减至345千克/亩。如按照增施钾肥可提高水稻产量，对粮食增产作用占比达到30%~50%。由此，在一般极端情形下，钾肥进口收缩将导致我国粮食亩产减少8%。按照我国粮食耕地面积计算，大约减少粮食产量5492.2万吨，如此与粮食需求进行比较，国内粮食产需缺口将达到6000万吨左右。

2. 情景二：面临十分严重的外部冲击

考虑未来发生较为严重的极端情形，假定各类外部条件叠加共振，西方国家通过各类手段进行出口与通道封锁，钾肥进口减少幅度将十分巨大，由此钾肥进口规模将在2021年基础上减少40%，从而引发国内粮食产量明显下降，粮食单产降幅约为60千克/亩。按照国家统计局公布的2022年全年粮食单产为375千克/亩计算，在不考虑进口替代的条件下，粮食单产将减至315千克/亩。在此极端情形下，钾肥进口减少将导致我国粮食单产减少16%。按照我国粮食耕地面积计算，大约减少粮食产量10984.5万吨，与粮食需求进行比较，粮食产需缺口将超过11000万吨。

（二）极端情形下我国大豆自给率分情景预测

1.极端情形下满足大豆基本需求的自给率测算

考虑到当前我国大豆需求以压榨消费量为绝对主导，而且豆制品食用需求具有很大的弹性和可替代性，大豆种子用量较小，所以极端情形下我们主要测算大豆食用油消费需求。

极端情况下，我们将居民每日食用油基本需求确定为居民膳食指南推荐的标准值下限，即25克/天，相当于每人每年消费食用油9125克[①]。考虑到极端情形下大豆进口受限的不利影响，我们将大豆油食用消费占比调低为40%和30%两种情形[②]，据此，计算出每人每年消费大豆油为2737.5—3650克。如果人口总量按照14亿人计算，不考虑人口年龄结构因素，大豆出油率平均为17%左右，据此可以推算出极端情形下满足基本需求的大豆消费量为2254.4—3005.9万吨（见表2）。

表2　分情形测算极端情形下满足基本需求时的大豆消费量

满足基本需求的食用油摄入最低标准	每天/人	25克
	每年/人	9125克
极端情形下人均每年大豆油消费量	情形一：大豆油消费占食用油消费比重40%	3650克
	情形二：大豆油消费占食用油消费比重30%	2737.5克
极端情形下大豆每年消费量	情形一：大豆油消费占食用油消费比重40%	3005.9万吨
	情形二：大豆油消费占食用油消费比重30%	2254.4万吨

按照2022年我国大豆单产132千克/亩计算，3005.9万吨和2254.4万吨大豆消费量对应产量下的大豆播种面积分别为2.28亿亩和1.71亿亩。2022年我国大

---

① 当前我国虽没有发布官方的人均食用油年度消费量数据，但普遍认为超过科学膳食标准。刘慧引用的有关机构测算数据为2022年我国人均食用油消费量达26.6千克，王佳仪和刘艳芳引用自中国农业科学院专家的数据为2021我国人均食用油消费量达30.1千克。这里考虑极端情况，食用油消费量按居民膳食指南推荐的标准值下限取值。

② 大豆油因性价比高，长期占据我国食用油消费量的半壁江山。2021年我国食用油消费数据显示，大豆油占比在44%左右。如果大豆进口受限，将降低大豆油消费量占比，这里分情景进行了估算。受限较轻情况下大豆油消费占比降至40%，受限较重情况下大豆油消费占比降至30%。

豆播种面积为1.54亿亩,即便是极端情形下保持现有大豆播种面积不变、单产水平不变,我国大豆的自给率也能达到67.5%~90.1%;如果大面积压减经济作物和主粮以外的粮食作物用于种植大豆,实现大豆完全自给有一定的保障。

2.人民美好生活情形下大豆自给率上限测算

参照美欧和生活习惯相近的我国台湾地区人均食用油消费量,以及考虑国民健康意识水平不断提高的影响,人民美好生活情形下我国大豆需求可能呈现先增后减的倒"U"型特征,食用油人均消费峰值在32千克/年左右。若将我国大豆油消费占食用油的比重设定为35%,据此可得我国大豆油人均最高消费量为11.2千克/年,即满足人民美好生活需要的大豆油对应的大豆需求量为9200万吨以上,再加上豆制品食用和大豆种用消费,大豆年度总消费量为11100万吨左右。

通过在玉米主产区推行2年玉米1年大豆轮作(见表3),新垦盐碱地种植大豆,并叠加"十四五"时期农业农村部正在全国推广玉米—大豆带状复合种植,我国大豆播种面积可以新增4800万亩以上,在2022年大豆播种面积1.54亿亩的基础上,有望超过2亿亩。同时,通过大面积推广适合当地气候和水土资源条件的大豆高产新品种或者选择适宜地区开展转基因高产大豆隔离种植,并辅之以良种良法配套的大豆高产栽培技术,我国大豆单产有望达到200千克/亩。据此计算,我国大豆产能潜力最高可达4000万吨,对应上述消费量,可得人民美好生活情形下,我国大豆自给率上限为36%。

表3 分情形测算玉米—大豆轮作下大豆扩种情况

情形	2021/2022年玉米消费量(万吨)	2021/2022年度玉米产量要求(万吨)	2021/2022年度对应玉米产量可减产(万吨)	2021/2022年度玉米单产预测(千克/公顷)	可推行的玉米—大豆轮作的面积(万亩)	对应增加大豆播种面积(万亩)
玉米自给率92%	28770	26468.4	786.6	6291	7033.3	2344.4
玉米自给率90%	28770	25893	1362	6291	12178.1	4059.4

注释:2021/2022年度玉米数据来自2023年3月农业农村部市场预警专家委员会发布的中国玉米供需平衡表。

3.新时期提高大豆自给率面临的主要障碍

我国大豆增产潜力长期没有转化为实实在在的产量，说明现实中我国大豆增产面临诸多难以逾越的难题。一是国内农业资源无法有效支撑大豆大幅扩种。受有限耕地制约，同季种植的大豆与玉米等旱作粮食作物之间始终存在"跷跷板"难题，为了保障玉米基本自给的目标，大豆—玉米轮作方案难以大面积推广。二是大豆育种技术创新及产业化应用短板突出。尽管我国保存有世界上最丰富的大豆种质资源，但资源鉴定评价和综合开发利用水平还有待提高。种业研发组织架构不合理，主体为不以市场为导向的公共科研院所，导致具有重大应用价值的专利少，专利维持率和专利转化率较低。同时，受各类因素制约，我国取得突破的转基因大豆优良品种产业化进展比较慢。三是大豆产业支持政策的长效激励作用不足。财政收入增速放缓和财政支出刚性增长压力下，大豆较低的比较效益决定了单纯依靠增加大豆生产者补贴的做法难以持续，2022年还出现了主产区农户卖豆难问题，一定程度上挫伤了大豆种植户的积极性。

四、新时代新征程粮食等重要农产品稳产保供的思路和建议

（一）基本思路

新时代新征程实现粮食等重要农产品稳产保供，需要科学研判未来我国粮食安全面临的外部形势，综合考虑人口总量结构的阶段性变化、居民食品消费升级趋势和水土资源条件、现代农业技术变革态势等因素影响，从我国粮食等重要农产品供需还将长期处于紧平衡的现实国情出发，坚持以习近平新时代中国特色社会主义思想为指导，以牢牢把握国家粮食安全主动权为核心，以新一轮千亿斤粮食提升行动为抓手，统筹处理好总量安全与结构合理、平时安全与极端保供、自给安全与进口调剂"三大关系"，着力补齐粮食等重要农产品产业链供应链短板，有效提升粮食等重要农产品综合生产能力、加工流通能力、应急保供能力、市场掌控能力"四个能力"，构建资源环

境可承载、供给需求相契合、外部冲击能应对的重要农产品稳产保供格局。

（二）对策建议

1.统筹化解米豆之争和生物育种产业化，供需双侧发力提高大豆自给率

一是压缩玉米不合理需求，破解玉米与大豆同季抢地矛盾。落实全国生物燃料乙醇产业总体布局调整方案，逐步限制直至停止燃料乙醇等玉米非食用加工，用减量的玉米工业消费来抵消大豆玉米轮作造成的玉米自给率下降问题。通过利用卫星遥感、大数据等信息技术提高轮作补贴精准性，配套跟进轮作技术服务，调动农户开展玉米—大豆轮作的积极性。二是积极扩种大豆。全面推广大豆种植收入保险，加快研发推广抗盐碱大豆新品种和盐碱地大豆高产栽培新技术，鼓励社会资本改良后备耕地种植大豆。大力推广大豆玉米带状复合种植技术，增加大豆产量。三是加快推动生物育种技术产业化步伐。通过划定现代生物育种大豆种植专区，建立现代生物育种大豆种植公开公示制度，健全现代生物育种作物生产标准体系，不断完善转基因大豆的统一管理制度等，逐步扩大转基因大豆商业化种植规模。四是通过强化大豆需求侧管理降低大豆国内消费量。广泛开展全民健康生活方式宣传，在机关和企事业单位食堂率先全面开展低油加工，开展餐饮企业加工食物合理用油倡议行动。考虑到我国动物油脂消费潜力大，借鉴改革开放前油脂短缺时期我国动物食用油占比高的经验，鼓励居民通过食用动物油脂替代部分豆油消费，逐步培养居民动物油脂消费偏好，前瞻性夯实极端情形下以动物油脂替代部分豆油消费的食用油结构调整基础。在生猪、肉鸡、蛋鸡等豆粕需求大的养殖领域中全面推广应用低蛋白日粮技术，极端情况下实施进口大豆管制措施，通过价格杠杆作用倒逼国内减少大豆消费。

2.扎实推进新一轮千亿斤粮食产能提升行动，提升粮食综合生产能力

一是强化钾肥等重要粮食生产物资供应。建议成立钾肥货运公司，开辟钾肥进口货运新通道。积极开展国际寻钾，支持企业收购国际钾矿，加强与国际钾肥重点供应商战略合作。扩大现有钾肥商业储备规模，建立钾肥淡季

储备制度，实现"淡季储备、旺季调节"。二是加大高标准农田建设支持力度。以粮食生产功能区为重点，修订完善高标准农田建设标准，提高中央补助标准，全面提升耕地地力等级。深入实施国家黑土地保护工程。新建和改造一批大中型灌区。积极挖掘潜力增加耕地，支持将符合条件的盐碱地等耕地后备资源适度有序开发为耕地。三是提升科技装备支撑能力。落实种业振兴行动方案，加快农业关键核心技术攻关，培育一批具有自主知识产权的突破性粮食作物良种。健全基层农技推广体系，集成应用一批绿色高产技术模式。加大农业机械等装备研发投入，持续提升主要粮食作物耕种收综合机械化率。

3.补齐粮食等重要农产品产业链供应链短板，提升粮食加工流通能力

一是合理调控玉米加工转化。按照玉米使用优先序，即优先保障食用、饲用和医用需求，加强行业指导，适度发展玉米精深加工，避免低水平重复建设和产能过剩。二是规范外资粮商在华运营模式。完善粮食产业外商并购安全审查机制，研究建立粮食产业外资并购定期报告制度，对大米加工、小麦粉加工等关系国计民生的行业，建立外资市场占有率预警机制。三是加大粮油加工机械设备研发投入。加大对粮油加工机械制造龙头企业的研发投入奖补，实施首台（套）重大技术装备示范应用政策。四是优化粮食收储体制机制。制定粮食购销领域监管体制机制全面深化改革方案。建立健全调节储备管理机制，兼顾调节储备轮换、动用等的规范性和灵活性。

4.构建"平急兼备"的现代粮食生产供应体系，提升粮食应急保供能力

一是完善农业重大灾害风险防范体系。加强暴雨、台风、强对流、干旱、热浪等极端气象灾害监测预警和信息发布平台建设，完善重大农业灾害突发事件应急处置预案，组建常态化应急服务队，加强应急物资储备供应。建立农业巨灾风险准备金制度，发展巨灾债券，形成多层次、多样化的风险分散机制。二是完善粮食应急储备系统。完善重要农产品应急保供体系顶层设计与系统安排，明确各部门主要职能，搭建部门间协调配合的制度架构。合理确定粮食国家、企业、农户储备比例。加强粮食供应链风险监测与预警

体系建设，及时跟踪重点国家、市场、农产品的供需与贸易动态，提前研究应对预案。三是提高重点城市群粮食应急保供能力。加快健全主要城市的粮食应急加工企业、应急供应网点、应急储运企业与区域性配送中心等应急保供体系，研究极端情形下延长保证重点城市群市场供应量的成品粮油储备天数，建议延长至20~30天。四是加大粮食仓储设施建设力度。指导中国储备粮管理集团有限公司抓紧制定仓储设施建设计划，加大中央预算内投资支持力度。探索开展应对极端情形的粮仓建设，降低露天粮仓占比，研究制定城乡居民极端情形下分散储粮的经济实用的设施设备和运行机制。

5.打造"以我为主"的全球粮食供应链，提升粮食市场掌控能力

一是推进粮食进口市场多元化。优化进口区域及渠道布局，通过农业海外投资、海外耕地租赁、海外供应链建设、国际航运线路网络建设等多种手段，提升粮食进口链条的稳定性和安全性。二是积极拓展粮食领域国际交流合作。持续深化国际合作，建立多元化的运粮通道，维护全球粮食供应链安全稳定畅通。三是逐步提高粮食进口中的FOB模式比例。培育壮大中资粮食海运企业，争取在粮食国际贸易中按照FOB条款（即买方负责租船订舱、预付运费）进行交易，增强我方企业对进口粮食运输过程的掌控力。四是着力培育具有国际竞争力的中国大粮商。围绕大豆、玉米等主要进口粮食品种，鼓励大型中资粮食企业构建集仓储加工、物流、销售贸易、分销于一体的全球粮食供应链，支持中资粮商在海外建设粮食物流设施、专用码头、铁路专线以及购置远洋运粮船等。

参考文献

[1] 聪颖.2023年中国食用油产业报告[N].粮油市场报,2023-11-07.

[2] 李锦华.提高大豆自给率，如何破题：访中国农业大学经济管理学院院长、国家大豆产业技术体系产业经济岗位科学家司伟[J].农村工作通讯,2022(4): 26-28.

[3] 李丽云.国产食用油自给率不足1/3怎么办？科技来助力[N].科技日报,2022-04-17.

[4] 李晓丹，姚洋.支撑经济长期增长，除了技术进步还有城市化[N].经济观察报，2022-01-12.

[5] 刘慧.构建"降油增绿"长效机制[N].经济日报，2023-07-06.

[6] 钱煜昊，罗乐添，王金秋.突发公共事件下的粮食流通体系优化[J].西北农林科技大学学报(社会科学版),2020(6):70-79.

[7] 屈信明.完善保险体系 强化灾害治理[N].人民日报,2022-08-15.

[8] 尚凯元.中国为全球气象能力建设作出贡献[N].人民日报,2021-09-16.

[9] 王佳仪，刘艳芳.破局食用油进口依赖 提高油脂油料自给率[N].中国食品报，2022-12-12.

[10] 张义博.供需合力提高大豆自给率[J].宏观经济管理，2023(11): 58-66.

[11] 赵钦苗.新发展格局下粮食储运供应链提升对策[J].宏观经济管理，2023(11): 52-57+66.

[12] 朱冬亮.农民与土地渐行渐远——土地流转与"三权分置"制度实践[J].中国社会科学，2020(7): 123-144+207.

[13] 朱晶，臧星月，李天祥.新发展格局下中国粮食安全风险及其防范[J].中国农村经济，2021(9): 2-21.

我国城乡融合发展的
现实困境、关键矛盾与机制创新

郭晓鸣　罗巧玲　高　杰

（四川省社会科学院）

摘　要：城乡融合发展是大势所趋。进入新时代以来，我国城乡关系呈现出持续优化和融合发展的新态势，但在城乡要素平等交换、人口自由迁徙、产业融合等方面仍存在一系列现实问题。城乡要素配置机制、财产权利实现机制、产业部门效率差异等是影响城乡融合发展的重要原因，要在城乡要素市场化配置、人口自由迁徙、产业融合协同、空间一体优化、公共品均衡供给等领域重点发力，构建起与城乡关系变迁内在规律相适应的制度体系。

关键词：城乡融合；城乡要素交换；机制

一、我国城乡融合发展面临的现实问题与主要困境

党的十八大以来，我国城乡关系进入持续优化和深度融合阶段，城乡要素市场培育有效推进，城乡产业体系建设成效显著，城乡公共服务普惠大幅提升，城乡居民收入差距持续缩小。但是目前城乡人口流动面临城镇化放缓与农村机会有限的双重压力，城乡要素平等交换面临政策性与非政策性的双重阻碍，城乡产业融合发展面临产业链与产业结构的双重短板，城乡空间协同面临城乡分割与区域分化的双重困境，城乡公共品供给面临结构失衡和效率递减的双重问题。

（一）城乡要素平等交换面临政策限制与市场分割的双重阻碍

随着各项改革的接续推进，全国城乡要素市场体系框架基本形成，城乡劳动力、资金、土地等要素的可流动规模、可交易范围和价值可实现程度均显著提升，制约城乡要素平等交换的体制性障碍逐渐弱化。但受原有制度影响，城乡要素交换仍面临来自政策和市场的双重阻碍，城乡要素配置效率距城乡融合发展所要求的"自由流动、平等交换"还存在较大差距。

在土地方面，历史原因和地理条件决定的农村承包地细碎化问题仍缺乏有效的解决路径，在"地权"固化的承包经营权管理政策和乡村差序格局推高外来经营者交易费用的双重制约下，以农村承包地经营权流转实现规模化经营面临现实问题，特别是在丘陵和山区，农地经营成本高和劳动力匮乏导致的抛荒、低效利用问题较为严重。同时，在严格的地块管理和农民对土地价值非理性预期下，集体建设用地供需矛盾始终难以破解，农村宅基地闲置与乡村发展建设用地不足的结构性矛盾严重，乡村建设项目落地难已经成为不少地方乡村经济发展普遍面临的制约；在劳动力流动方面，虽然绝大多数地区已经消除了城乡人口流动的政策性限制，但是在城乡居民权利差异、劳动力边际回报率差异和乡村传统治理对外来群体天然排斥等制约下，农村劳动力"候鸟式"流动、入乡人才不足等问题仍普遍存在；在资本流动方面，由于金融机构营利性目标与农业农村经营特征存在矛盾，加之农村可抵押资产不足，乡村发展的融资需求一直未得到有效满足，而政策的不确定性与农村产业自然风险、市场风险叠加，抑制了社会资本下乡的收益预期；在数字化方面，城乡数字要素流动依然面临城乡鸿沟和区域差异。在发展相对滞后的乡村，数字基建投入不足，留守群体信息素养不足，接受数字经济能力不强，数字孤岛现象凸显。

（二）城乡人口流动面临城镇化放缓与乡村机会有限的双重压力

随着新型城镇化的推进，全国城乡人口流动率显著提升，农业转移人口数量持续增加的同时，进入乡村创业就业的城市居民也呈现增长趋势。但是，在城镇化发展规律和全球经济发展进入调整阶段的影响下，城镇化增速减缓的同时乡村创业就业机会并未有效增加，城乡人口流动空间面临来自城市与乡村的双向挤压。

城镇化方面，总体城镇化增速趋缓。2022年全国城镇化率65.22%，增速已经由5年前的接近1%降低至0.5%；常住人口城镇化率与户籍人口城镇化率的差距为12.4%。城镇人口吸纳能力趋弱、就业空间收窄，农业转移人口市民化动力进一步降低，部分劳动力被迫选择返乡。

乡村发展空间方面，近年来全国农业农村发展速度较快，乡村产业发展带来的农村就业机会持续增加。但二三代农民农业生产技能降低、家庭刚性支出比例提高等生产生活方式的变化使农户家庭经济韧性下降。农业规模化经营还未普及，农业经营效率较低，2022年，我国一二产业劳动生产率比率仅为1∶4.31；农村非农产业能够提供的就业机会有限且多为短期非正式岗位。农村经济韧性下降使人口回乡缓冲空间收缩，也对城市入乡群体产生排挤。

（三）城乡产业融合发展面临链条不全与体系不均衡的双重短板

随着转型升级战略的推进，我国城乡产业发展水平显著提高，在制造业、服务业持续发展的同时，构建了以特色农业为基础、三次产业融合推进的现代乡村产业体系。但是，受经济基础薄弱、工业化带动能力有限的制约，城乡产业发展差距仍较大，第一产业劳动生产率不足第二产业的四分之一。

从产业融合发展的问题上看，城乡产业发展面临着产业链短、产业体系不均衡导致的城乡产业浅度融合和同质化问题。从产业链角度看，全国多数地区具备特色多样农产品生产的基础，但是受传统产业布局、建设用地指标等一系列现实制约，农产品加工等后续环节发展较为缓慢，产业环节间收益率差异较大，农产品附加值低、应对市场风险能力弱，严重制约了城乡优势产业链的发展。以四川为例，全省水果、蔬菜产地初加工和商品化处理率仅为40%左右，农产品精深加工及综合利用不足。从产业体系角度看，存在城乡产业浅层次融合和同质化发展问题。在产业融合方面，城乡产业之间融合载体和融合动力不足，工商业与农业融合发展层次较低，如部分地区将城市旅游等产业复制到乡村，或者以政府为主体在城市建设农产品展销点位，产业融合缺乏内在动力和持续发展能力；在产业同质化问题上，一些地方仍延续传统思维方式，以短期税收、就业或行政绩效为目标发展城乡产业项目，特别是在乡村旅游休闲业发展过程中，已经出现了显著的同质化倾向，导致大量乡村建设用地等资源的低效利用或者浪费。

（四）城乡空间协同面临城乡分割与区域分化的双重困境

随着区域协调发展战略的推进，我国城乡之间、区域之间发展差距显著缩小，区域均衡发展态势逐渐呈现。但是，由于城乡二元结构阻碍，加之各地自然地理和经济基础差距较大，城乡区域差异仍存在，城乡融合发展与区域协调发展两大战略的关系仍需进一步明确和强化。

在城乡空间方面，城市、县城、乡镇与村庄之间的结构功能仍有待优化。从城乡体系的总体发展现状看，部分先行地区已经进入城乡关系的优化调整阶段，初步形成了以"城市—县城—乡镇—农村"体系为载体的产业和治理分工体系。但是，全国大部分地区城乡空间结构和功能仍有待调整，特别是山区、民族地区等发展相对滞后区域，城乡产业体系、治理关系等仍保持传统城乡二元结构特征，城乡"中心—外围"结构显著，县城承载能力有限，农村仍以传统农业经营方式为主，特色农产品、生态资源等优势未能转化为产业优势和经济优势，无法支撑城乡空间融合发展。在区域空间方面，不同区域城乡融合发展面临的基础、优势和面临的问题均存在自身特征，需要探索符合区域发展需要的城乡融合路径。但总体而言，各经济区仍未形成与区域发展特征相一致的城乡融合模式，也未能通过城乡产业、要素等融合强化区域优势，形成互补共生的区域协同关系。同时，各区域之间仍存在较明显的恶性竞争和同质性发展问题，各地之间争夺投资、项目，跨区域的分工协作相对较少。

（五）城乡公共品供给面临效率递减和结构失衡的双重挑战

公共品供给优化是缩小城乡福利差距、实现城乡均衡发展的重要内容。目前，我国城乡公共品主要由财政投入，原来由社区以自治方式解决的供给、管护等职能，出现了向政府转移的趋势。随着城乡发展导致对公共品需求数量和结构的变化，城乡公共品出现了效率递减和结构失衡的问题。

在供给效率上，由于地理条件多样，深丘、高山、高寒等地区经济发展基础薄弱，公共品分布范围广、后续管护环节多且成本高，相对于社区内生型供给机制，自上而下的外部依赖性供给交易成本较高，导致部分财政相对薄弱地区出现了基础设施建设资金缺口等问题，严重制约了基础设施空间布局的进一步优化调整。在供给结构上，随着城乡人口分布和空间功能的变化，城乡之间、不同地区之间、同一区域不同乡村之间的公共品差异化需求增加。但目前公共服务资源整合与协同供给机制不健全导致的公共品供给失衡问题逐渐显现。部分地区或部门采取了把城市公共品复制到乡村的方式，如村图书馆建设、乡村绿道公园建设、部分示范园（村）道路等设施叠加投入，导致部分公共品供给相对过剩，同时部分农村实际需要的公共品供给不足，如新型农村社区对公共活动空间、老幼照料中心、文化服务等需求仍未得到有效满足，田间道路、农田水利设施等生产性基础设施的持续投入不足等。

二、推进城乡融合发展亟待破解的关键矛盾

进入新发展阶段，城乡融合发展在国家发展大局和长远战略中的地位尤为关键。因此，必须准确研判发展环境和自身基础，把握阻碍城乡融合发展的主要原因，明确推进城乡融合发展的关键点和着力点。

（一）要素分割配置机制阻碍了城乡要素平等交换

推进城乡融合需要城乡要素能够在更大的空间范围内得到优化配置和合

理利用，通过土地、资本、劳动力多元要素的协同激发城乡内生动力。但是，目前城乡要素流动领域的改革仍以局部试点和单项推进为主，缺乏系统性改革激发的要素配置联动效应，导致不同要素配置出现分割，造成城乡资源协同利用困难。

我国已经在城乡要素领域推出了诸多改革措施，其中以户籍制度改革为主要内容的城乡劳动力市场化建设成效最为显著，资本下乡和农村金融体制改革也在持续推进，但是改革推进的不均衡使城乡要素配置分割进行，如城乡劳动力流动推动乡村产业发展，增加了乡村投资机会进而引致资本下乡，但在现行土地制度安排下，进入乡村的社会资本利用集体土地面临产权分散困境，影响了城市社会资本下乡的积极性，不利于乡村资源价值的实现和城乡产业的融合发展。

（二）财产权利实现机制不健全阻塞了城乡人口自由流动

与新发展阶段相适应的城乡融合发展要求城乡人口不仅能够双向自由流动，而且能够充分地"在地化"，人口进入流入地后具备长期稳定从事生产生活的意愿、能力和条件。但是，从流动人口基本情况看，进城农民的"半城市化"和入乡居民的"半乡村化"同时存在：在由乡入城方面，"半城市化"问题带来了农业转移人口资源超占与不足并存、城镇发展动能不足、农业资源无法释放等一系列问题；在由城入乡方面，入乡群体在村创业就业稳定性不足问题也成为乡村人才培育的重要制约。

造成这一问题的重要原因在于传统城乡关系中"人""财"分离式的管理制度。在工业化初期，为在迅速完成工业体系建设和积累的同时维持社会稳定，我国不仅设立了严格的城乡户籍制度，而且制定了严格的财产分割管理制度。在改革进程中，城乡推进市场化程度是不一样的，城市产权市场化持续推进，但为防止集体资产流失、农民权益被侵害，农村产权流转改革一直较为审慎。处置权和收益权的差异决定了城乡财产缺少统一的价值评估标准和实现机制，导致财产的流动性不同，当产权主体发生变化时，产权客体价值无法有效实现，形成了城乡人口流动与财产流动分离的问题：一方面，进城农民即使能够以退出等方式实现宅基地、房屋等财产价值，但是由于缺少衡量标准，无法形成合理预期，导致农民不愿放弃财产和与财产权直接关联的户籍身份；另一方面，由于严格限定了农村财产交易范围，入乡群体只能获得附带各类限制性条件的集体资产使用权，无法真正作为产权主体融入乡村、参与乡村事务。

（三）资源错配与部门效率差异造成了城乡产业融合困难

城乡产业均衡发展是实现城乡融合发展的基础支撑。城乡产业均衡并不是消除产业间劳动生产率差异，而是要求同一要素在城市与乡村获得的边际回报率趋同、不同产业以及同一产业各部门间利润率趋同。实现这一目标的条件在于城乡产业布局与资源配置相一致，产业部门、产业链各环节在城乡间分布符合比较优势原则，城乡资源利用价值耗散最低，整体经济效益达到最优状态。

城乡产业融合发展需要城乡资源能够在更大的空间范围内得到优化配置和合理利用，通过土地、资本、劳动力要素在城乡间的优化配置激发城乡产业发展新动能。但传统城乡二元结构下资源配置存在空间异质性，城乡要素利用和产业需求实际分离，带来城乡要素错配问题：正式或非正式制度壁垒的存在使城乡资源只能在城或乡独立空间内部配置，导致各类资源在城乡两侧空间的边际收益不同，出现要素与产业间的错配问题，导致产业部门之间收益不均衡问题。

从城乡产业发展现实来看，虽然产业效率得到显著提升，城乡间产业布局也在不断优化，但是在传统思维惯性和城乡壁垒的影响下，城乡产业发展效率差异仍较大，要素在城市与乡村、不同产业部门中获得的边际报酬差异未收敛。资源与产业分离、错配导致城乡产业生产效率和资源配置效率均偏低，如城乡建设用地指标严重不足，乡村人口减少的同时宅基地面积却不减反增；乡村专业技术人员紧缺，城市却存在大量无法发挥专业能力的事业人员、退居二线的专家；乡村建设资金严重匮乏，城市却出现大量进入投机领域的"游资"；农产品生产环节与加工、销售环节利润率差异过大。

（四）空间发展失衡抑制了城乡功能互补叠加效应的发挥

随着生产力的发展，城乡空间相对位置和功能发生了变化，乡村既继续承担着农产品等原材料的供给功能，也具有通过农产品加工、生态资源利用、休闲旅游开发等满足人的多维需求、获得更多价值增值的需要。而生产技术的进步，特别是交通运输条件的提升和信息技术的运用，则为城乡功能优化提供了可行条件。随着规划理念和技术的进步，以城市与乡村功能分离为导向的传统规划正在被城乡一体的现代规划所取代，但是，受自然地理现实条件和各部门差异化管理政策的限制，国土空间规划仍然面临较大的现实困难。

从城乡空间利用实践来看，全国大部分地区城乡空间集约利用程度和国土空间开发强度差异悬殊，城市高密度开发与村庄空间布局结构分散并存，城乡空间结构性矛盾日益激化。随着城市人口的集聚和功能的拓展，绝大多数地区实施了新城区建设项目，以物理扩张的方式扩大城市空间，而乡村人口和功能变化所带来的空间调整需求往往需要依靠为城市腾退建设用地指标等方式换取。随着城乡建设用地增减挂钩政策的收窄，乡村规划布局与城乡融合发展格局之间的矛盾将进一步突出。随着农业生产方式的变革和产业结构的变化，农业生产空间与非农空间之间必然要重新调整，同时，生态安全和粮食安全目标也要求城市改变传统的空间扩张式发展思路，转而以更加集约的理念探索城市空间高效利用的规划思路。

（五）城乡公共品供给与需求失衡加剧了居民间福利分化

随着城乡关系的变迁，城乡居民福利一体化、趋同化需求不断增强，但自上而下的均等化公共品供给机制导致城乡公共品出现了供需矛盾。在理想的城乡关系中，城乡居民虽然居住空间不同，但是能享受到的综合福利应该是趋同的,而能够享受到的公共品数量和质量则是影响居民福利的重要因素。城乡间、地区间生产生活方式的差异决定了所需要的基础设施和公共服务也必然存在差异,而只有瞄准城乡间客观差异才能够提供更符合居民需要的公共品。如随着外出务工农民对子女教育的重视程度提高,越来越多的村庄学龄儿童在流入地就学,乡村对义务教育的需求逐渐转为对流入地教育供给的需要,对乡村教育服务需求更多地集中在寒暑假托管等短期服务方面;随着人口老龄化的加剧,农村对于图书室等的需求减少,而对于老人活动中心、照料服务等的需求增加。

但是,在城乡公共品需求变化的同时,公共品供给机制仍保持着以政府为投入、建设、运营、管护全过程主体的自上而下供给机制。城乡公共品需求的差异性与变化无法及时向上传递,加之项目申报与考核验收存在诸多要求,使各部门倾向于将"均等化"解读为"同等化",按照统一标准投入项目。另外,在长期政府投入管理制度下,城乡居民已经习惯于作为公共品的需求方和使用方,缺乏主动参与项目选择、运营服务、后期管护的积极性,导致本来可以由社区或乡村内部低成本提供的公共服务也要依赖于成本较高的政府采购方式。由于城乡居民间表达能力、治理基础等方面存在差异,公共品供需偏差导致城乡公共品在质量、适宜性等方面的差异进一步加大,在一定程度上加剧了城乡居民间福利差异。

三、推动城乡融合发展的机制设计

针对城乡关系变迁中的关键矛盾,必须在习近平新时代中国特色社会主义思想指导下,以缩小城乡发展差距和居民生活水平差距为目标,以城乡融合发展的难点和关键环节为突破,以促进城乡生产要素双向自由流动和公共资源合理配置为关键,瞄准关键矛盾,以全面系统改革构筑符合城乡融合发展内在规律的机制保障。

（一）全面优化城乡土地要素市场

继续探索符合各地农地条件的承包地"小田变大田"等土地空间调整方式，为承包地经营权流转奠定市场基础。结合乡村产业发展积极运用集体经营性建设用地入市改革、宅基地"三权分置"改革试点成果。引导有条件的村将闲置土地、房屋等资源进行整合，构建以集体经济为主体的农村资产利用、处置和收益制度。支持有能力的村集体根据乡村振兴实际需要在村域内统筹配置宅基地、经营性建设用地等，在村域范围内打通现有各种建设用地之间用途转换的通道。

（二）探索创新城乡人口自由迁徙机制

建立城乡转移人口在地权益保障体系，构建农民财产权价值评估与实现体系。真正打通城乡社保衔接的制度通道，探索以农村财产权转换为社会保障的可行有效方式。构建人才进入乡村并长期服务乡村的长效激励，尝试构建"以产定人""以产定权"的农村常住人口管理制度。建立城镇教育、医疗、文化、就业、社保等基本公共服务与常住人口挂钩机制，推动公共资源按常住人口规模配置。构建灵活的乡村后备干部使用机制，依托乡村行政管理体制改革创新村"两委"基层干部和乡镇干部任用、考核机制。

（三）持续构建城乡资金要素流动机制

根据农业农村经济特征构建城乡资金流动机制，优化财政资金投入方向和管理制度，根据城乡发展实际需求调整财政投入项目，特别要重视农业生产经营方式转型对财政资金支持方向、支持重点和投入方式的新需求。客观认识金融机构营利性与农业生产高风险性、准公益性的矛盾，适度放宽对政策性农担保本微利的要求，支持龙头企业牵头发展产业融资担保，鼓励同业主体成立行业融资担保机构等。

（四）加快形成数字城乡一体化应用机制

完善数字基础设施建设，加强传统基础设施数字化、智能化改造。加速解锁数字公共服务应用新场景，扩大数字技术的应用空间，增加优质公共服务供给，从而使得优质公共服务资源可以在平等共享的渐进发展中，逐步缩小基本公共服务均等化的区域差距。强化城乡居民数字技术综合能力以及应用数字化设备的意识、水平和效能，确保更多农村居民能够公平参与数字中国建设，真正分享数字化创新的收益。

（五）继续完善城乡产业融合发展机制

统筹城乡产业规划，高度重视农产品仓储、加工、品牌培育等环节发展的要素保障和扶持政策，强化城乡产业对现代要素的吸收和接纳。把握城乡发展总体趋势和乡村产业自我演进规律，基于产业平台建设，推进城乡产业业态持续迭代和产业能级显著提升，打造契合需求的高品质消费场景，释放产业集群与产业链耦合效应。推动创新要素全方位嵌入产业发展，提升城乡产业协同创新能力。结合产业发展实际需求，切实发挥好市场对技术选择、要素价格和要素配置的决定性作用，让新技术、新模式、新成果切实运用到产业发展中来，促进实现产业结构转型和实现高能级业态。

（六）创新探索科学前瞻的城乡空间体系

坚持以规划引领城乡融合发展。科学编制市县发展规划，统筹规划产业发展、基础建设、公共服务等建设。加强城乡规划衔接。学习运用浙江"千万工程"经验，围绕"人、地、业、权"探索实施符合各地实际的全域土地综合整治，优化国土空间布局。通过有效整合土地资源，带动城乡人口流动、产业集聚、权属调整，致力于构建生态与社会治理并重、多元主体参与、城乡协同发展的城乡共治体系。

（七）加快探索城乡生态产品价值实现机制

以价值核算为基础创新生态价值实现机制，选取典型场景推动特定区域单元生态产品价值转化试点，形成统一规范的核算办法、核算规范。坚持市场主导、企业主体、商业化逻辑，以场景营造为产业植入提供空间场景和市场体验，依托生态、人文资源形成各具特色的消费场景和生活场景，强化功能植入、业态提升，通过引人、聚流、活商实现价值转化。

（八）积极创新城乡公共品供给保障机制

充分利用信息技术手段，探索城乡教育联合体、办学联盟、医疗联盟等模式，借助数字技术溢出效应逐渐消除城乡教育、医疗质量差距。探索社区（村）间联合开展互助式老幼照料托管服务模式，探索引导社会组织以志愿服务等形式提供养老、儿童课后托管服务等。探索创新乡村公共文化产品供给内容和方式。在继续发挥财政在区域一般性公共品供给作用的基础上，创新建立外部供给与内部自给相协调的城乡公共品供给机制。发挥居民主体作用，增强社区、乡村居民在公共品供给中的需求表达能力，继续完善财政投入资产"折股量化"机制，以财产权激励居民积极参与公共品管护、监督等环节。

参考文献

[1] 陈锡文, 罗丹, 张征. 中国农村改革40年[M]. 北京: 人民出版社, 2018: 194-197.

[2] 范建刚, 赵志强. 城乡融合发展视阈下的乡村产业振兴研究[J]. 农村经济, 2023(1): 35-44.

[3] 高鸣, 郑庆宇. 党的十八大以来我国农村改革进展与深化方向[J]. 改革, 2022(6): 38-50.

[4] 郭晓鸣. 创新乡村人才振兴的实现路径[J]. 农村工作通讯. 2022(3): 2.

[5] 国务院发展研究中心农村经济研究部课题组, 叶兴庆, 程郁. 新发展阶段农业农村现代化的内涵特征和评价体系 [J]. 改革, 2021(9): 1-15.

[6] 罗必良, 耿鹏鹏. 理解县域内的城乡融合发展 [J]. 南京农业大学学报(社会科学版), 2023(1): 16-28.

[7] 肖华堂, 王军, 廖祖君. 农民农村共同富裕: 现实困境与推动路径 [J]. 财经科学, 2022(3): 58-67.

[8] 张德林, 张海瑜, 张鹏等. 中国乡村振兴——产业发展促进战略实施模式及实践案例 [M]. 北京: 中国农业大学出版社, 2021: 25-28.

城乡融合、农民增收与共同富裕

陈斌开　王子栋

(中央财经大学经济学院)

摘　要：长期存在的城乡二元分割制约了农民增收,扩大了城乡收入差距。城乡融合是解决这一痼疾的必然选择,其核心是把新型城镇化和乡村振兴有机结合起来,提高劳动力、土地等要素的配置效率,释放经济活力,实现城乡协调发展。在实践层面,城乡融合发展需要兼顾效率和公平,以县城为主要载体推动城乡公共服务均等化,降低机会不均等,促进共同富裕。

关键词：城乡融合；农民收入；共同富裕

"国之称富者,在乎丰民"。党的二十大报告指出,"共同富裕是中国特色社会主义的本质要求,也是一个长期的历史过程"。现阶段,推动共同富裕最艰巨最繁重的任务仍然在农村。根据国家统计局的数据,2022年中国城镇居民人均可支配收入为49283元,而农村居民人均可支配收入仅为20133元,城乡收入比依然高达2.45。因此,如何拓宽农民收入渠道、实现农民增收是实现共同富裕的重点和难点。

事实上,文献中的共识是,长期存在的城乡二元分割结构以及相关的制度安排是造成城乡收入持续扩大的重要原因(陈斌开和林毅夫,2013)。打破城乡二元结构,从城乡分割走向城乡融合,不仅是加快健全全国统一大市场、缩小城乡差距的内在要求和关键环节,也是实现共同富裕的必由之路。在具体的实现路径上,中央农村工作会议强调,要"统筹新型城镇化和乡村全面振兴,提升县城综合承载能力和治理能力,促进县域城乡融合发展"。这表明,在新的历史时期,妥善处理城乡关系需要基于城乡融合的视角,以县城为载体，充分发挥城乡比较优势，强化工农互促，城乡互补，这样才能提高农民福利水平，真正实现城乡协调发展和共同富裕。

一、城乡融合与农民增收

提高农民福利，关键是要促进农民增收。本部分将从工资收入、经营收入以及财产收入三个角度着重探讨城乡融合对农民增收的影响。

（一）城乡融合、非农就业与农民工资收入

新中国成立初期，为了配合重工业优先发展战略，中国建立了严格的户籍制度，限制城乡之间劳动力流动，这导致农村居民无法自由进入城市寻求就业机会，获得工资性收入（陈斌开和林毅夫，2013）。重工业优先发展战略和严格的户籍制度直接制约了城镇化进程。图1展示了1952—2022年间城镇化

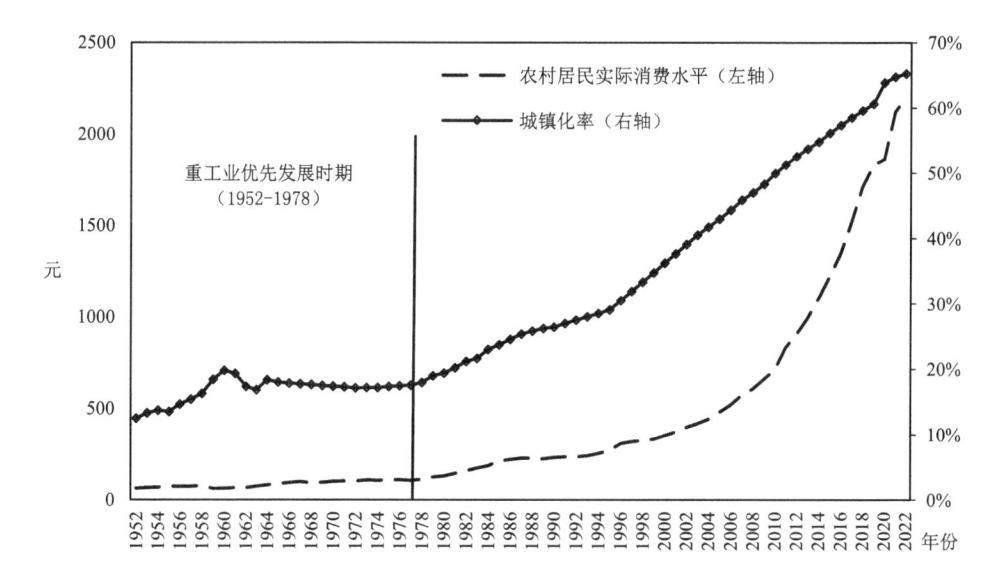

图 1 城镇化进程与农村居民实际消费水平

数据来源：国家统计局，中国农村居民实际消费水平按照居民CPI价格指数进行平减，基期为1952年。

水平和农村居民消费水平。从图中可以看出，计划经济时期，中国城镇化推进缓慢。在1952年至1978年，中国的城镇化率由12.5%提高到了17.9%，仅上升了5.4个百分点，大大滞后于工业化进程。这一时期，农民收入和消费增长十分缓慢，农村居民实际消费水平由1952年的62元增加至1978年的110元，仅增加不足一倍。由此可见，城镇化滞后将制约农村居民收入和消费水平上升。

改革开放以后，中国逐渐调整了重工业优先发展战略，开始着力发展符合比较优势的轻工业部门。这一时期，劳动密集型的私有企业、乡镇企业蓬勃发展，劳动力需求大幅上升。同时，伴随着户籍制度的放松，农村剩余劳动力逐渐进入城市，城镇化的速度也明显加快。这一现象的直接后果是，农村劳动力进城之后的工资性收入大幅上升。如图2所示，农民的工资性收入增长率与城镇化进程高度相关。然而，值得注意的是，尽管城镇化的快速推进为农民提供了大量就业机会，提高了农民工资性收入，但城乡收入差距依然较大，城乡融合还远未实现。

图 2　城镇化进程与农民工资性收入增速

数据来源：国家统计局

按照城乡融合的制度设计，劳动力将在城乡之间自由流动、均衡配置，释放"新人口红利",最终促进城乡生产率差异的弥合,增加农民收入,提高全社会生产率。因此,首要的是扭转一系列城市倾向的政策,在制度层面促进城乡融合。如今,一系列制度变革已经在逐步开展。《国家新型城镇化规划(2014—2020年)》提出,"逐步使符合条件的农业转移人口落户城镇,不仅要放开小城镇落户限制,也要放宽大中城市落户条件"。《"十四五"新型城镇化实施方案》则进一步强调,"全面取消城区常住人口300万以下的城市落户限制,确保外地与本地农业转移人口进城落户标准一视同仁。全面放宽城区常住人口300万至500万的I型大城市落户条件。完善城区常住人口500万以上的超大特大城市积分落户政策"。同时,随着近年来居住证制度的不断完善,户籍制度对于城乡之间劳动力流动的阻碍作用也逐渐降低。

即便如此,户籍制度改革依然任重道远。一方面,作为人口主要流入地的很多大城市,依然保留严苛的落户条件,户籍制度仍然与城市公共服务挂钩。另一方面,部分中小城市为了维持本地土地财政模式继续运转,仍然将户籍与购买本地商品房画等号。这不仅提高了流动人口的生活成本,导致劳动力配置失衡,更限制了居民收入水平的提升。需要指出的是,虽然现有制度仍然存在着诸多不甚完善的问题,但从长期来看,从城乡二元分割迈向城乡融合不仅是各项政策的最终目的,也是推动共同富裕目标的必由之路。

(二)城乡融合、规模化经营与农民经营收入

土地资源是农业生产经营的基础,也是城市发展的必要条件,土地问题是城乡融合过程中绕不开的关键问题。在当前土地制度下,城乡土地利用效率差异很大,这是导致城乡收入差距拉大的重要原因。对此,城乡土地市场一体化可以通过提高土地利用效率,缓解土地资源城乡间错配问题,进而促使城乡土地使用效率差距收敛。

在城乡二元经济结构下,大量劳动力滞留于农村,人均土地资源较少导致农业生产率低下,农民增收较慢。改革开放后,中国的城镇化进程不断加

速，农村地区的剩余劳动力逐渐向城市转移。随着部分农业人口的非农化，农村地区大量剩余劳动力得到了有效利用，直接导致农村地区的生产率和人均收入水平的提高。一方面，农村劳动力向城市转移使得从事农业生产的劳动力数量减少，农村人均土地面积增加，为农业规模化经营创造了条件。规模化的生产经营将带来更高的农业生产效率，提高农民经营收入水平（焦长权和周飞舟，2016；Adamopoulos & Restuccia，2014）。另一方面，城市工业发展为农业生产活动提供了机械化和规模化生产的技术基础，农业生产活动逐渐由依靠人力和畜力的传统耕作模式转变为依靠机械动力的现代耕作模式，生产率得到进一步提升（金文成等，2023）。图3描述了城镇化率与农民经营收入增长率的变化趋势。与工资性收入类似，农民的经营性收入增速也与城镇化进程高度相关，从而印证了上述逻辑。

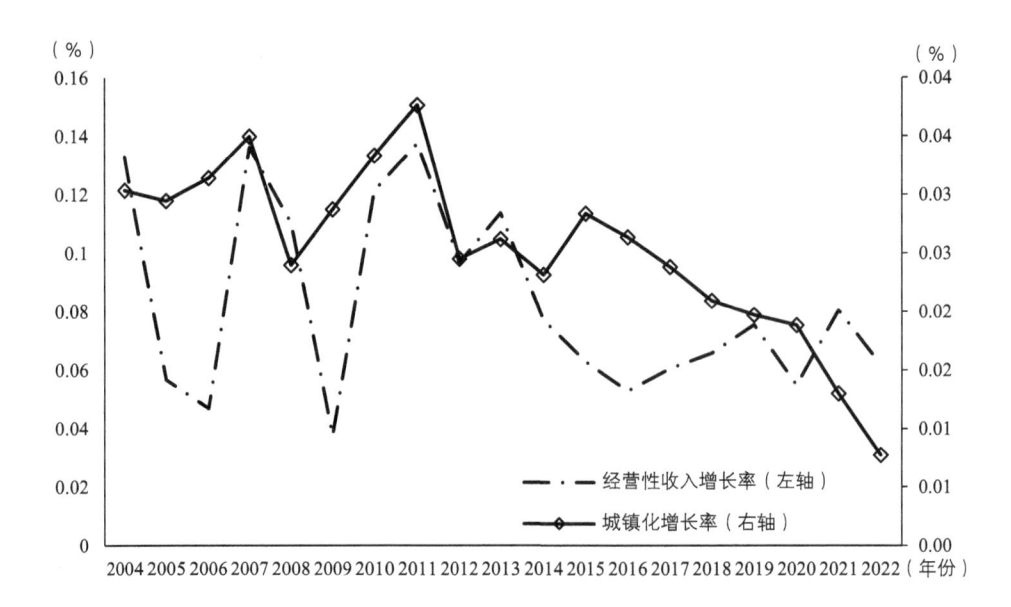

图3　城镇化进程与农民经营性收入增速

数据来源：国家统计局。

当前，我国在提高农民经营收入方面已经取得了积极成效，但距离实现农业现代化与农业强国目标仍有差距。表1对比了2021年中美两国在五种主要农产品上的单位产量、价格和成本情况。可以发现，中国五种主要农产品的成本和价格均大幅高于美国，农产品的市场竞争力还有待提高，这意味着我国土地使用效率仍然有较大提升空间。对此，需要进一步推进城乡融合发展，提高土地等农业生产要素的配置效率，为农业现代化注入新活力。

表1 中美主要农产品单位产量、价格和成本对比

农产品	单位产量（千克/亩）		单位价格（元/千克）		单位成本（元/千克）	
	中国	美国	中国	美国	中国	美国
稻谷	488.89	694.63	2.71	2.08	2.59	1.12
小麦	463.39	188.31	2.46	1.58	2.19	1.94
玉米	506.96	833.93	2.53	1.20	2.22	0.94
大豆	139.63	246.59	5.81	2.84	5.51	2.30
棉花	124.11	72.86	22.24	12.52	16.17	9.05

数据来源：国家发展和改革委员会《全国农产品成本收益资料汇编（2022）》，United States Department of Agriculture。

（三）城乡融合、土地制度改革与农民财产性收入

伴随着城镇化进程的不断推进，越来越多的农村劳动力开始离开农村，进入城市就业，农民的非农工资收入逐渐提高。然而，作为农民家庭收入重要组成的财产性收入却始终增长乏力（冒佩华和徐骥，2015）。在推进城乡融合发展的过程中，一个显著的特点是，各种要素已不再是由乡村到城市的单向流动，来自城市的资本和技术也将逐渐进入乡村，这为拓宽农户收入渠道、增加财产性收入提供了新机遇。

随着城市化不断推进，以往的所有权归集体、承包经营权归农户的"两权分离"模式逐渐显现出了局限性。首先，一家一户的土地承包使得农业规模经营不易实现，农业生产率难以进一步提高。其次，对于进城农民而言，农村家庭承包的土地使用效率较低，相当一部分农户选择将土地流转给他人经营，土地的承包权和经营权逐渐分离（厉以宁，2008）。最后，由于宅基

地退出不畅，农村劳动力外移导致了大量的宅基地处于闲置，造成了农村建设用地资源的严重浪费。

为顺应广大农户的切身需求，进一步提高农民的收入水平，党的十八届三中全会提出要赋予农民更多财产权利，探索农民增加财产性收入渠道。2016年，中共中央和国务院联合颁发《关于完善农村土地所有权承包权经营权分置办法的意见》，对农地的"三权"分置进行了系统性的安排。对于农村宅基地闲置的现象，2018年中央一号文件提出了"探索宅基地所有权、资格权、使用权'三权'分置"的改革思路，既保护了农民对宅基地的所有权，同时也提高了农村建设用地的使用效率。

农地和宅基地"三权"分置的土地制度改革赋予了农民更加充分的财产权益，缓解了农村土地中社会保障属性与财产权属性之间的矛盾，在确保农民不失地的前提下增加了农民的财产性收入，进一步强化了以"人"的流动为核心的城乡要素重组和对流（刘守英，2022）。对于微观个体而言，盘活农村闲置或利用率较低的土地资源是提高农民财产性收入的重要来源，而在宏观层面，提高城乡土地利用效率更是释放国民经济活力的关键环节。

综上所述，长期存在的城乡二元分割结构已经严重阻碍了城乡资源的有效配置。不仅不利于经济可持续发展，更不利于实现个体收入增长。因此，消除劳动力、土地等要素的制度壁垒，畅通要素在城乡间自由流动，逐步实现城乡融合，是进一步释放经济活力和提高农民收入的核心环节。

二、城乡融合与共同富裕

（一）城市化会扩大城乡收入差距吗？

在我国的收入差距中，城乡收入差距占了相当大的比重，是总体收入差距上升的主要原因（李实和朱梦冰，2022）。图4展示了城乡居民人均可支配收入的变动趋势。2009年以来，我国城乡居民收入比整体呈下降趋势，但城乡收入差距依然较大，截至2022年仍保持在2.45左右。[①]从对总体不均等的贡献来看，1992—2019年，中国城乡收入差距对于总体收入不均等的贡献达到了30%以上（万广华等，2022）。因此，进一步缩小城乡收入差距，是降低总体收入差距、实现共同富裕的关键所在。

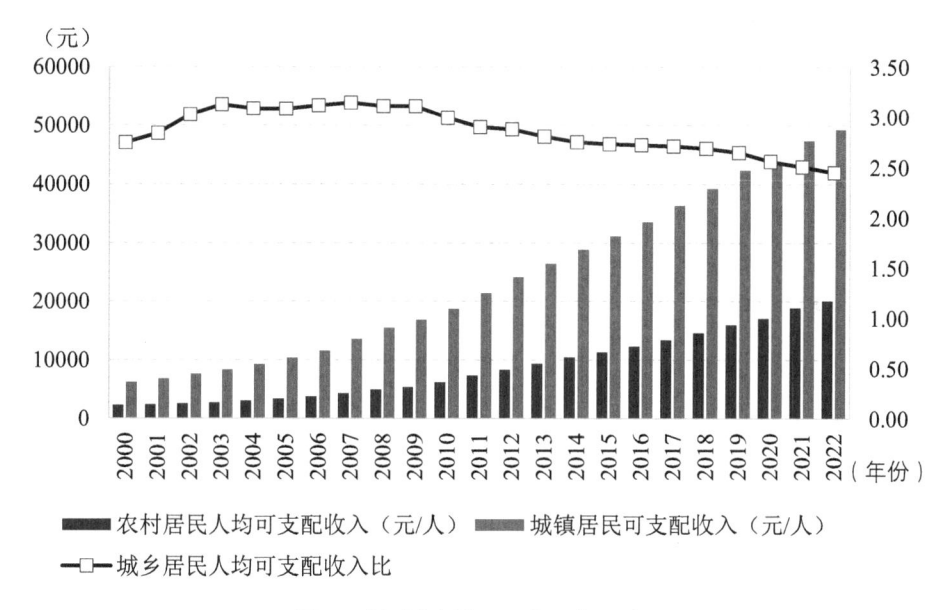

图4 全国城乡居民可支配收入对比

数据来源：国家统计局。

很多人担心，城市化的推进会造成城乡收入差距扩大，但事实恰恰相反。图5显示了2022年中国部分省市的城镇化水平与城乡收入差距的关系，可以看出，城镇化水平与城乡收入比呈现明显负相关。正如上文所述，促进城乡融合至少能够通过三个主要渠道缩小城乡收入差距。第一，城乡融合能够让农村剩余劳动力转移到城市中，提高农村劳动力的工资收入。第二，随着农村剩余劳动力的不断转出，农村留守劳动力的人均资源上升，为农业的规模化经营创造条件，农村人均产出上升，增加农民经营收入。第三，在城乡融合的背景下，城市的资本和技术将进一步流入乡村，为提高农民的财产性

---

① 数据来源：国家统计局。

收入创造了机会。

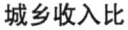

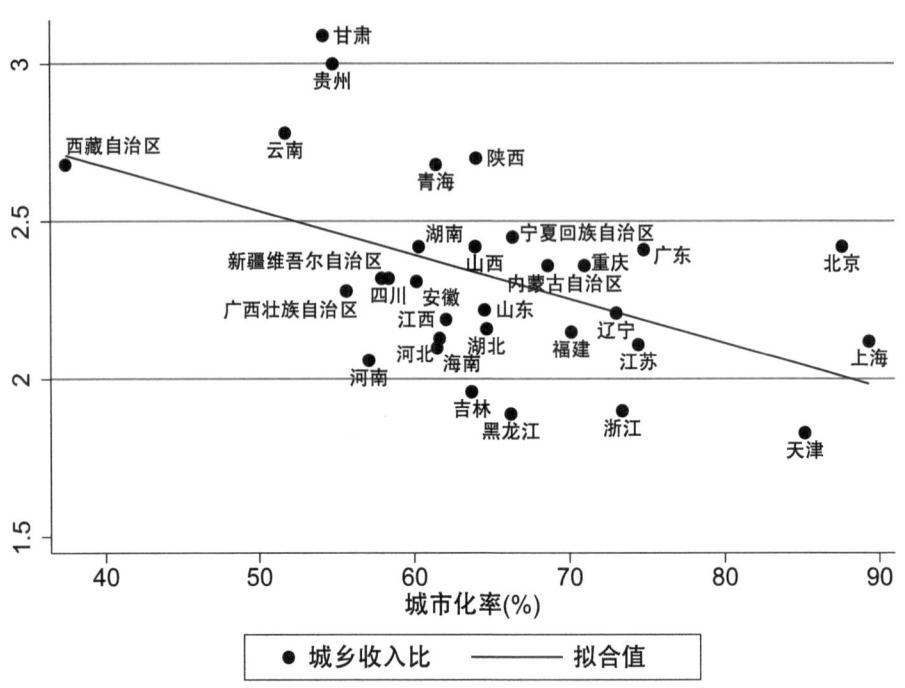

图 5 城镇化与城乡收入差距

数据来源：国家统计局（包含31个省、自治区、直辖市，不包括港澳台地区）。

（二）城乡融合与农村内部收入差距

在城乡分割的二元结构下，中国农村内部的收入差距程度要比城市更加严峻。那么，城市化推进会扩大农村收入差距吗？我们的研究发现，城市化推进反而将为农村低收入群体提供更多的就业机会，提升低收入群体的收入水平，缩小农村内部收入差距（Chen et al.，2018）。

城乡融合的内在含义是实现城乡互补、工农互促，充分发挥城乡的比较优势。图6展示了城市规模与周边农村收入水平和农村内部收入差距程度的相关性，其中横轴为城市人口，纵轴分别是农村的居民收入与基尼系数。可以看出，城市规模越大，其邻近农村地区家庭的收入水平越高，而农村内部的收入差距越小。这说明，城乡融合发展不仅可以提高农民收入，还可以降低农村收入差距，推动共同富裕。

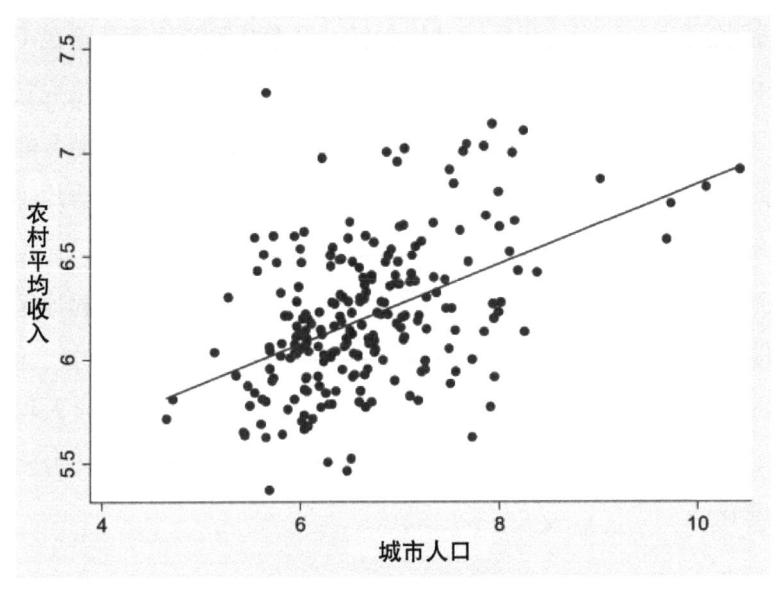

(a) 农村收入与城市规模

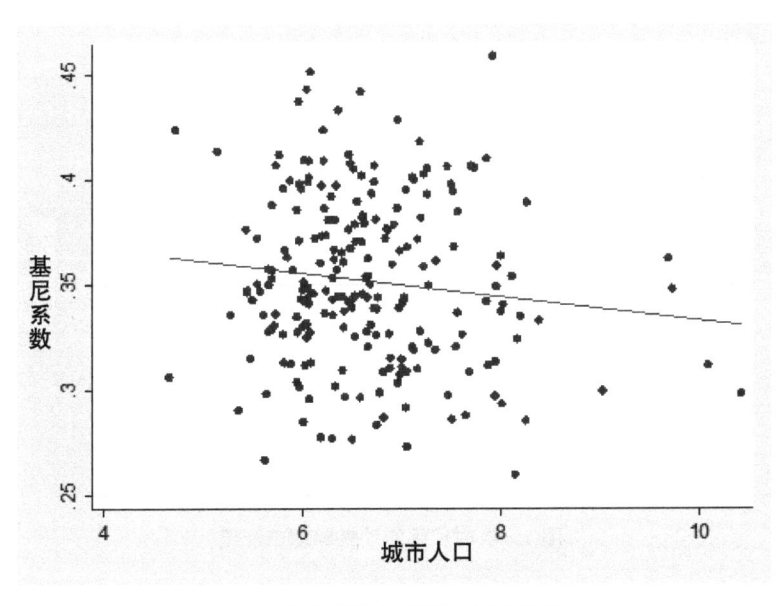

(b) 农村内部收入差距与城市规模

图 6　城市规模与收入分配

另外，机会均等是实现共同富裕的重要抓手。机会均等的一个重要度量指标是代际流动性，它刻画了父代与子代之间社会经济特征的相关性，当这种相关性越强时，社会的代际流动性越低。这意味着家庭背景将在个体发展的过程中发挥更大作用，阻碍有才华、勤奋的个体向上流动，造成社会阶层固化，不利于社会稳定和经济发展（陈雅坤等，2023）。城乡融合能够为农村居民（特别是低收入群体）提供更多的就业机会，是促进机会均等的重要方式。研究发现，城市低收入家庭有更多机会到服务业中就业，而相较于农业，从事服务业往往具有相对更高的收入水平，这为附近的农村地区带来了更低的收入差距和更高的代际流动性。图7显示城市规模与农村代际流动性之间具有明显的负向相关性，横轴为城市规模，纵轴为代际收入相关性。这表明，城市规模越大，其周边农村内部的代际流动性就越高，经济机会越趋于均等化。

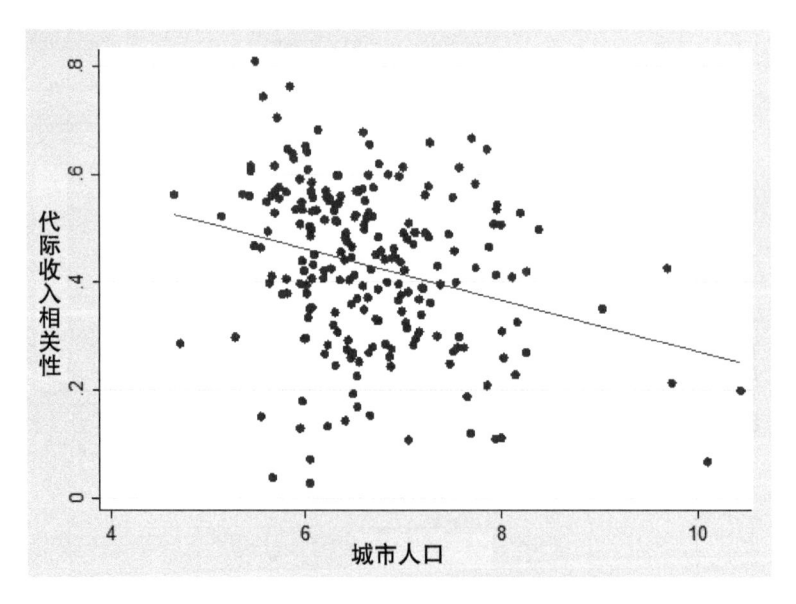

图 7 农村代际流动性和城市规模

以上证据表明，城乡融合有利于促进共同富裕。第一，城乡融合有助于充分发挥城乡各自的比较优势，为农村居民提供更多的增收机会和更多元化的增收渠道。第二，城乡融合使得农村居民能够获得平等的人力资本回报，缩小了农村收入差距，提高了农村社会流动性。因此，推进城乡融合发展，需要充分发挥城乡各自的比较优势，为农村低收入群体提供阶层跃升的机会，从而缩小城乡之间和农村内部的收入差距，促进共同富裕目标的实现。

三、城乡融合、公共服务均等化与共同富裕

公共服务均等化是城乡融合的重要方面，推动城乡公共服务均等化是促进机会均等、实现共同富裕的重要抓手。党的二十大报告指出，"健全基本公共服务体系，提高公共服务水平，增强均衡性和可及性，扎实推进共同富裕"。因此，在城乡融合中实现公共服务均等化，是解决当前我国社会主要矛盾、促进共同富裕的应有之义。

（一）公共服务均等化与共同富裕

以公共服务均等化推进共同富裕，关键在于保障人民群众公平获得公共服务的机会。作为共同富裕的内在要求，公共服务均等化能够使城乡居民平等享受到教育、医疗、社保、养老等公共服务，有效减少了社会中的机会不均等问题（陈斌开等，2023）。这一方面有助于提高农村的人力资本水平，缩小城乡居民的收入差距；另一方面则有助于营造更加公平的社会氛围，提升城乡居民的幸福感，维护社会的稳定与和谐。因此，实现城乡公共服务的均等化，可以使城乡经济社会协调发展，进而促进共同富裕。

然而，当前我国的公共服务在城乡间仍存在较大差距，主要表现在供给不均等和受益不均等两个方面。第一，城乡间财政支出不均导致了城乡公共服务差距较大。尽管当前地方政府已经开始重视对乡村公共服务的财政支持，但受制于有限的财政预算和财政收入，乡村的公共服务供给体系仍远远落后于城市。第二，城乡居民在教育、医疗、社会保障等基本公共服务方面仍有较大差距。首先，农村的基础教育水平仍然较为薄弱。根据教育部发布

的《中国教育概况——2020年全国教育事业发展情况》，农村小学和初中建立校园网的比例比城市小学和初中分别低17.2%和12.6%。同时，农村的医疗水平和社会保障也远远落后于城市。经统计，城市每千人医疗机构床位数和每千人卫生技术人员分别是农村的1.8倍和2.2倍。①此外，城市的社保体系和社保范围也都较农村更为完善和广泛（何文炯，2022）。

因此，促进城乡公共服务均等化，要在推动新型城镇化战略和乡村全面振兴有机结合的基础上，从财政投入、户籍制度等方面切入，实现公共服务在城乡居民间的均等化。第一，通过进一步深化财税体制改革，确立更加合理的转移支付制度，降低公共服务在城乡间的供给不均等。第二，要深化户籍制度改革，降低公共服务的户籍关联度，使城乡居民均能享受到优质的公共服务。第三，要建立健全基本公共服务标准体系，因地制宜地推进基本公共服务的标准化建设，提升城乡基本公共服务的质量和水平。

（二）鱼和熊掌能否兼得

公共服务具有明显的规模经济性，这是导致城乡公共服务供给水平差异的重要原因。公共服务的人口弹性往往小于1，这意味着在增加一单位劳动力使用公共服务时的边际成本要低于原有公共服务的平均成本。因此，当城市人口密度和经济发展水平较高时，可以有效降低交易费用与公共服务的平均成本，促进教育、医疗、住房、社保等优质公共服务在城市内的有效供应。农村地区则因为地域广袤而人口居住分散，许多自然村落或村民小组的常住人口少于百人，提供基本公共服务的单位成本过高，导致公共服务供给严重不足。

引导公共服务向县城集聚，在县城内实现公共服务均等化，有利于推进共同富裕。县城作为连接城市与乡村的中间节点，是县域人口和经济活动的集聚中心，有助于充分发挥公共服务的集聚效应和规模经济，降低公共服务

---

① 数据来源：国家卫生健康委员会。

的平均成本，进而实现共同富裕。值得注意的是，县城公共服务供给能力的增强并不一定代表城乡公共服务实现了均等化，农村与县城之间仍存在着空间上的障碍，农村居民获得公共服务时仍面临着较高的成本。

因此，有效实现城乡公共服务均等化，需要在发挥县城集聚效应的基础上，保障公共服务的可及性。对此，政府可以探索发展远程医疗就诊、开展家庭医生签约行动等，使农村居民能够高效享受优质医疗资源；通过为农村地区的学生提供免费校车接送、营养午餐等服务，确保农村学生能够享受到县城的教育资源；通过健全县乡村衔接的三级养老服务网络、发展县域养老服务中心等方式，提高养老公共服务的可及性。此外，还需要完善县级政府的组织管理体系，畅通农村居民的反馈渠道，确保农村居民对于公共服务的需求能够得到充分满足。

四、结论与政策展望

共同富裕是社会主义的本质要求，是人民群众的共同期盼。城乡融合是促进共同富裕的重要手段。当前，中国城镇化水平仍偏低，城乡发展不平衡不充分的问题仍然突出，这极大地阻碍了共同富裕的实现。为此，中国应进一步深入推进新型城镇化战略和乡村振兴战略，完善以城市群为主体形态、大中小城市和小城镇协调发展的城镇化格局，把县域作为城乡融合发展的重要切入点，助力城乡融合发展，进而提升农民收入水平，实现共同富裕。其中，核心是要进一步实现城乡间的机会均等，统筹效率与公平。面向未来，可能的政策落脚点如下。

第一，把新型城镇化与乡村振兴有机结合。加快推动以县城为重要载体的新型城镇化建设，持续优化城镇化空间布局；进一步深化户籍制度改革，放宽超大、特大城市落户门槛，促进劳动力在城乡间的双向流动；进一步深化农村土地产权制度改革，有序推进农村集体经营性建设用地直接入市，赋予宅基地更加完整充分的财产权利，探索盘活农村闲置宅基地等土地资源。

第二，促进城乡义务教育均衡发展。进一步优化财政转移支付体系，保障县城的义务教育经费，统筹县域内城乡义务教育一体化发展；进一步加强教育资源在县城的集聚，提高教学质量并改善教学环境。面对乡村与县城的空间阻碍，应通过提供免费校车服务和营养餐等方式，助力农村居民平等享受县城的教育资源；在城市地区，进一步落实农民工随迁子女入学和转学政策，保障流动人口的子女能够就地入学，建立转移支付与为流动人口提供公共服务相挂钩的制度。

第三，推动城乡医疗资源优化配置。加大对县域医疗的资金投入和人员投入，提高医疗设备质量和医生数量，改善医疗机构硬软件设施匮乏的问题；进一步推进智慧医疗建设、强化县级医院公共卫生服务能力，提高医疗服务的整体效率；进一步完善城乡医疗卫生服务体系，加强城乡医疗服务网络建设，持续推进国家基本公共卫生服务等行动，让农村居民能够就近便捷就医，解决"看病难、就医难"的问题。

第四，完善城乡社会保障体系建设。完善城乡居民基本养老保险制度，统一城乡养老体系；进一步促进农村土地流转，尝试建立土地权益自愿退出的补偿机制，有效增加农民收入，提高养老保障水平；探索合并城乡居民养老保险中的部分资金，建成普惠式的国民基础养老金，提高农村居民养老保障的整体水平，确保城乡平等共享发展成果。

参考文献

[1] Adamopoulos T, Restuccia D. "The size distribution of farms and international productivity differences" [J]. *American Economic Review*, 2014, 104(6): 1667-1697.

[2] Chen B, Liu D, Lu M. "Opportunity equality and development: Rural income mobility and city size in China" [J]. *The World Economy*, 2022, 45(11): 3602-3624.

[3] 陈斌开, 亢延锟, 侯嘉奕. 公共服务均等化, 教育公平与共同富裕[J]. 经济学(季刊), 2023(6): 2104-2118.

[4] 陈斌开, 林毅夫. 发展战略、城市化与中国城乡收入差距[J]. 中国社会科学, 2013, 4(81): 102.

[5] 陈雅坤, 张皓辰, 杨汝岱等. 经济机会、代际流动性和共同富裕: 一个文献综述[J]. 经济学（季刊）, 2023, 23(6): 2061-2083.

[6] 何文炯. 共同富裕视角下的基本公共服务制度优化[J]. 中国人口科学, 2022(1): 2-15.

[7] 焦长权, 周飞舟. "资本下乡"与村庄的再造[J]. 中国社会科学, 2016(1): 100-116.

[8] 金文成, 王欧, 杨梦颖等. 农业强国建设目标下的中国农业机械化发展战略与路径[J]. 农业经济问题, 2023(10): 13-21.

[9] 李实. 中国个人收入分配研究回顾与展望[J]. 经济学（季刊）, 2003(2): 379-404.

[10] 李实, 朱梦冰. 推进收入分配制度改革促进共同富裕实现[J]. 管理世界, 2022, 38(1): 52-61.

[11] 厉以宁. 论城乡二元体制改革[J]. 北京大学学报（哲学社会科学版）, 2008(2): 5-11.

[12] 林毅夫, 蔡昉, 李周. 中国经济转型时期的地区差距分析[J]. 经济研究, 1998(6): 5-12.

[13] 刘守英. 农村土地制度改革：从家庭联产承包责任制到三权分置[J]. 经济研究, 2022, 57(2): 18-26.

[14] 陆铭, 陈钊. 城市化、城市倾向的经济政策与城乡收入差距[J]. 经济研究, 2004(6): 50-58.

[15] 冒佩华, 徐骥. 农地制度、土地经营权流转与农民收入增长[J]. 管理世界, 2015(5): 63-74.

[16] 万广华, 江葳蕤, 赵梦雪. 城镇化的共同富裕效应[J]. 中国农村经济, 2022(4): 2-22.

全力做好我国农业农村现代化的时代答卷

袁红英

（山东省社会科学院）

摘　要：党的十八大以来，习近平总书记就"三农"工作作出一系列重要论述，为我国做好"三农"工作找准了历史方位和时代坐标，指引我国农业农村发展取得了历史性成就。新时代新征程，要科学分析农业农村改革日趋复杂、城乡融合发展持续加深、农村老龄化程度更加严峻、乡村产业体系面临重塑等新形势新挑战，精准把握科技自立自强、制度集成创新、全面深化改革、强化县域单元等着力方向，全力做好农业农村现代化的时代答卷。

关键词：农业农村现代化；城乡融合；农业强国

推进农业农村现代化是全面建设社会主义现代化国家的重大任务，也是解决发展不平衡不充分问题的重要举措，没有农业农村现代化，就没有整个国家现代化，农业农村现代化水平决定着中国式现代化的底色与质量。习近平总书记指出，实现农业农村现代化，必须促进农业高质高效、乡村宜居宜业、农民富裕富足。党的十八大以来，以习近平同志为核心的党中央始终坚持把解决好"三农"问题作为全党工作重中之重，坚持农业农村优先发展总方针，实施乡村振兴战略，推动农业农村发展取得历史性成就。新时代新征程，把握我国农业农村现代化发展面临的形势与问题，厘清我国农业农村现代化所处的历史方位和时代坐标，找准农业农村发展的着力方向和前进路径，是新时期以加快农业农村现代化，更好推进中国式现代化建设的历史责任与时代使命。

一、习近平总书记关于"三农"工作重要论述的时代价值

党的十八大以来,习近平总书记坚持运用历史思维、辩证思维、系统思维看待"三农"问题、把握"三农"本质,围绕"三农"工作发表了一系列重要论述,涉及农业供给侧结构性改革、确保国家粮食安全、巩固和完善农村基本经营制度、千方百计增加农民收入、实施乡村振兴战略以及脱贫攻坚等诸多方面。这些论述立意高远,内涵丰富,指导性强,对我国"三农"发展作出了一系列重大科学判断,为我国做好新时期"三农"工作找准了历史方位和时代坐标,指明了行进方向和前进路径,具有十分重要的历史意义和时代价值。

(一)作出"三农"工作重心发生历史性转移的重大判断,明确了新时代"三农"发展的历史阶段

党的十八大以来,党中央坚持把脱贫攻坚作为全面建成小康社会的标志性工程,如期打赢脱贫攻坚战,历史性地解决了绝对贫困问题,实现了第一个百年奋斗目标,我国开启全面建设社会主义现代化国家新征程。习近平总书记立足中国国情农情和发展阶段特征,坚持用大历史观看待和认识"三农"问题,对"三农"工作重心进行历史性谋划和顶层设计,明确指出,进入实现第二个百年奋斗目标新征程,"三农"工作重心已历史性转向全面推进乡村振兴,要逐步实现由集中资源支持脱贫攻坚向全面推进乡村振兴平稳过渡,同步推动投入重点的转移以及工作体系、政策体系的转型和健全,为促进乡村全面振兴提供强有力的要素投入和完善的政策保障。

(二)作出"我国发展最大的不平衡是城乡发展不平衡,最大的不充分是农村发展不充分"的重大判断,明确了新时代"三农"发展的历史任务

长期以来,城乡差距是制约社会主义现代化国家的重要因素。以习近平

同志为核心的党中央把农业农村工作摆在党和国家工作全局的优先位置，持续加大惠农富农政策力度，农业基础地位得到显著加强，农村社会事业得到明显改善，统筹城乡发展、城乡关系调整取得重大进展。但是，由于历史欠账过多，我国农业农村发展基础仍然薄弱，城乡之间的发展不平衡不协调仍然突出。进入新时代，习近平同志从理论逻辑、历史逻辑和现实逻辑出发，进一步作出"我国发展最大的不平衡是城乡发展不平衡，最大的不充分是农村发展不充分"的科学论断。强调要从全局和战略高度来把握和处理工农关系、城乡关系，逐步实现城乡居民基本权益平等化、城乡公共服务均等化、城乡居民收入均衡化、城乡要素配置合理化、城乡产业发展融合化。

（三）作出"三农"是应变局、开新局"压舱石"的重大判断，明确了新时代"三农"工作的历史地位

当前，世界百年未有之大变局加速演进，中华民族伟大复兴进入关键时期，国际冲突、极端天气等因素引发的经济衰退和农业供应链中断相互叠加，我国面临的不稳定、不确定性风险明显增多。习近平总书记牢牢把握国内国际两个大局，全面总结我国"三农"工作正反两方面的经验，深刻指出，从世界百年未有之大变局看，稳住农业基本盘、守好"三农"基础是应变局、开新局的"压舱石"。历史也一再证明，稳住农业基本盘、守好"三农"基础，是求解乡村振兴之路的根本，是关系全局的"国之大者"。只有农业基础稳固，粮食和重要农产品供给安全，农民安居乐业，农村和谐稳定，才能提升风险应对韧性，保障整个大局稳固。

二、我国农业农村发展取得的历史性成就及重要经验

党的十八大以来，我国持续加大对农村地区的倾斜支持力度，不断增进农民福祉，我国农业农村发展取得历史性成就，为如期实现第一个百年奋斗目标，全面建成小康社会奠定了坚实基础。

（一）农业综合生产能力跃上新台阶

习近平总书记指出要"把提高农业综合生产能力放在更加突出的位置"。党的十八大以来，我国农业综合生产能力显著提升，主要表现在三个方面。一是粮食产量和重要农产品供给充足。我国粮食产量从2012年的11791亿斤增长到2023年的13908.2亿斤，连续九年稳定在1.3万亿斤以上。2023年我国人均粮食占有量超过490千克，远超世界平均水平，口粮自给率超过100%。此外，我国重要农产品供应充足、种类丰富，肉蛋菜果鱼等产量稳居世界第一位。二是农林牧渔业总产值大幅提高。2012年我国农林牧渔业总产值为86342.2亿元，2022年达到156065.9亿元，名义增幅为80.75%。三是农业生产力水平显著提升。2012年我国科技进步对农业增长的贡献率为54.5%，2023年超过63%，提升了8.5个百分点；2012年我国农作物耕种收综合机械化率为57%，2023年超过73%，提升了16个百分点；农作物良种覆盖率在96%以上，水稻、小麦两大口粮作物品种实现完全自给。

（二）美丽宜居乡村建设有序推进

良好的生态环境是乡村发展的重要优势与宝贵资源，持续改善乡村人居环境，建设美丽宜居乡村对于提升农民幸福感和获得感具有重要意义。党的十八大以来，我国积极践行绿水青山就是金山银山理念，大力实施美丽乡村建设行动，持续提升农村人居环境整治水平，环境优美、村容整洁、生态宜居的乡村画卷徐徐展开。一是农村人居环境整治成效显著。目前，我国累计完成19.7万个行政村环境整治，全国农村卫生厕所普及率超过73%，农村生活污水治理（管控）率达到40%以上，生活垃圾得到收运处理的行政村比例保持在90%以上，村容村貌明显改善。累计建设5万个以上具有地方特色的美丽乡村。二是农业绿色生产成绩斐然。2015年以来我国持续开展化肥农药使用量零增长行动，化肥农药使用量显著减少。持续推广农业生产绿色防控，2023年主要农作物病虫害绿色防控覆盖率达到54.1%，三大粮食作物统防统治面积覆盖率达到45.2%，分别比2012年提高了38.9个百分点和24个百分点。农业面源污染得到有效治理，2023年全国秸秆综合利用率达到88%以上，畜禽粪污综合利用率达到78.3%，地膜覆盖面积和使用量实现负增长，农膜回收处置率稳定在80%以上，农业绿色生产格局逐步形成。

（三）农民农村共同富裕迈出坚实步伐

补齐"三农"发展短板，推动农民农村共同富裕是实现全体居民共同富裕的关键环节。我国始终坚持推进农业农村优先发展，农民农村共同富裕取得积极成效。一是城乡居民收入差距持续缩小。2013年以来，我国农村居民人均可支配收入增速持续高于城镇居民，我国城乡居民收入倍差从2013年的2.81缩小到2023年的2.39。二是城乡基本公共服务一体化持续推进。共同富裕不仅指物质生活的富裕，还包含精神层面上的富足。近年来，我国积极推进城乡基本公共服务均等化，并取得扎实显著成效。义务教育方面，促进城乡优质教育资源共建共享，全国31个省（区、市）和新疆生产建设兵团的2895个县均实现县域义务教育基本均衡发展。公共文化建设方面，持续扩大基层惠民文化工程覆盖面，逐步建立覆盖城乡的公共文化体系，全国已建成村、社区综合性文化服务中心超过57万个，基本实现全覆盖。社会保障方面，我国农村地区居民基本医保参保率已达到97.6%，城乡基本医疗保障一体化改革、城乡社会救助一体化建设持续推进。

（四）农村全面深化改革取得重要进展

党的十八大以来，我国对农业农村重点领域和关键环节持续深化改革，制定《深化农村改革综合性实施方案》，对关键领域采取重大举措，取得积极成效。一是农村集体产权制度改革稳步推进。持续深化农村土地制度改革，全面完成土地承包经营权确权登记颁证，明确保持土地集体所有、家庭承包经营的基本制度长久不变、保持农户依法承包集体土地的基本权利长久不变，明确在第二轮土地承包到期后再延长三十年。完成全国农村集体资产清产核资工作，摸清了全国农村集体经济资产家底。二是新型农业经营体系建设日益完善。2021年发布《农村土地经营权流转管理办法》，土地经营权规范有序流转，全国有1474个县（市、区）、2.2万个乡镇建立农村土地经营权流转市场或服务中心，全国家庭承包耕地流转面积超过5.32亿亩。三是农业支持保护制度逐步健全。党的十八大以来我国持续把农业农村作为财政支出优先保障领域，建立了农业农村投入稳定增长机制。农业补贴支持力度逐渐加大，惠及范围不断扩大，政策效果持续显现。四是城乡融合发展取得重要进展。高质量推进"以人为核心"的新型城镇化建设，农业转移人口市民化速度明显加快，城乡要素流动渠道更加畅通，基本公共服务配置更加均衡，城乡发展差距和居民生活水平差距持续缩小，城乡发展活力得到有效释放。五是农村社会治理效能显著提升。2019年中共中央印发《中国共产党农村基层组织工作条例》，进一步加强了党对农村工作的全面领导，新认定100个全国乡村治理示范乡镇、1001个全国乡村治理示范村，清单制、积分制等治理方式覆盖面不断扩大，农村自治、法治、德治融合发展的治理体系初步建立，多元共建共治共享的农村基层治理格局正逐步形成。

（五）脱贫攻坚取得举世瞩目成就

消除贫困，是全面建成小康社会的底线任务和基本要求。党的十八大以来，以习近平同志为核心的党中央将扶贫开发工作纳入"五位一体"总体布局和"四个全面"战略布局，以精准扶贫、精准脱贫为基本方略，举全党全国之力投入扶贫工作之中，如期完成脱贫攻坚任务，取得了举世瞩目的减贫成就。一是农村贫困人口全部脱贫。2020年底，我国现行标准下农村贫困人口全部脱贫，贫困县全部摘帽，区域性整体贫困得到解决，全面消除绝对贫困。二是贫困地区基础设施和公共服务大幅完善。具备条件的乡镇和建制村全部通硬化路、通客车、通邮路，全国农村大电网覆盖范围内全部通动力电，县、乡、村三级医疗卫生服务体系健全，教育文化设施及服务水平大幅提高。三是减贫治理的溢出效果显著。一方面表现在贫困地区基层治理能力显著提升。2013年以来，全国累计选派300多万名第一书记和驻村干部开展精准帮扶，基层党组织凝聚力战斗力不断增强，党群关系、干群关系得到极大巩固和发展。另一方面表现在中国减贫成就为世界减贫事业和人类发展进步作出重大贡献，我国提前10年实现《联合国2030年可持续发展议程》减贫目标。

总结我国农业农村发展取得历史性成就、实现历史性变革的重要经验，主要有以下六个方面。一是始终坚持党对"三农"工作的领导。中央统筹、省负总责、市县乡抓落实的农村工作领导体制，以及"五级书记"一起抓的工作机制，充分发挥了基层党组织的战斗堡垒作用。二是始终坚持以人民为中心的发展思想。从完善农村教育、公共卫生、养老等基本公共服务，提升农村生活便利化水平，到加强农村社会保障体系建设，把增进人民福祉、促进人的全面发展作为一切工作的出发点和落脚点。三是持续推进城乡融合发展。从党的十六大提出"统筹城乡发展"，到党的十八大提出"推动城乡发展一体化"，再到党的十九大将"城乡融合发展"作为处理城乡关系的战略导向，党的二十大将"城乡融合发展"置于中国式现代化理论体系，城乡融合发展与城乡关系构建始终是推动农业农村发展的重要主题。四是用好深化改革关键招数。稳慎推进农村土地制度改革、农村集体产权制度改革、农业支持保护制度改革，破除体制机制弊端，突破利益固化藩篱，激活农村资源要素，汇聚兴农力量。五是持续强化科技支撑。大力实施创新驱动发展战略，农业科技创新步伐明显加快，科技创新在推进农业高质量发展方面作出重要贡献。六是尊重农民首创精神。从包干到户到家庭农场，从农业产业化到农业股份合作社，从农村土地流转到土地托管服务，我国农村改革的每一步推进，都来自农民的创造。在推进农业农村发展的进程中，我国始终将激发亿万农民首创精神、发挥亿万农民主体作用放在突出位置。

三、我国加快推动农业农村现代化面临形势

新时代新征程，加快推动农业农村现代化，需要科学把握当前农业农村

发展形势和现实问题,从而作出相应的制度安排,采取更有针对性的举措。

(一)农业农村改革日趋复杂

随着工业化、城镇化进程持续加快,我国农业农村已经发生一系列根本性、结构性、趋势性变化。新时代农业农村改革进入"深水区",全面深化农村改革任务更艰巨、涉及面更广泛、推进程度更深入,各领域各环节改革举措的关联性、互动性显著增强,零敲碎打式的调整难以事半功倍。习近平总书记强调,落实党的十八届三中全会以来中央确定的各项改革任务,前期重点是夯基垒台、立柱架梁,中期重点在全面推进、积厚成势,现在要把着力点放到加强系统集成、协同高效上来。以全方位"集成"和"创新",推动农业农村改革深层次突破,避免单项改革的单兵推进,成为破解农业农村深层次矛盾的有效途径。

(二)城乡融合趋势持续加深

城市与乡村,是人类生产生活的两大空间载体。习近平总书记曾指出,我们只有跳出"三农"抓"三农",用统筹城乡发展的思路和理念,才能切实打破农业增效、农民增收、农村发展的体制性制约,从根本上破解"三农"难题,进一步解放和发展农村生产力,加快农业农村现代化建设。2023年底召开的中央经济工作会议提出,要统筹新型城镇化和乡村全面振兴,把推进新型城镇化和乡村全面振兴有机结合起来,促进各类要素双向流动,推动以县城为重要载体的新型城镇化建设,形成城乡融合发展新格局。由此可以判断,未来一个时期,城乡融合发展趋势将持续加深,破除城乡二元结构,构建相互依存、相互融合、互促互荣的城乡发展共同体与新型城乡关系将成为推进现代化建设的重要主题。当前,我国城乡融合发展仍然存在新型城镇化建设质量亟待提高、城乡公共资源配置仍需均衡、城乡产业融合力度不足等问题。

（三）农村老龄化程度更加严峻

第七次全国人口普查结果显示，我国60岁及以上人口已超过2.6亿，占全国人口比重的18.7%，其中农村60岁、65岁及以上老人的比重分别为23.81%和17.72%，比城镇分别高出了7.99和6.61个百分点。相较10年前，分别增加4.8和4.35个百分点，我国人口老龄化趋势整体加快，农村人口老龄化程度更深。据《中国农村互助养老研究报告》研究预测，2020—2050年，我国农村人口老龄化程度将持续高于城镇，到2035年，我国农村60岁及以上老年人口在农村人口中占比将达37.7%，老龄化"城乡倒置"现象将进一步加剧，农村人口老龄化水平将高出城镇13个百分点。在农村老龄化加剧的背景下，谋划农业农村现代化，必须处理好"老龄化"与农业生产的关系，解决好"谁来种地""谁来种好地"的根本问题。同时，还要把健全农村社会保障体系、养老服务体系、健康支撑体系摆在更加突出位置。

（四）乡村产业体系面临重塑

近年来，我国农业供给侧结构性改革深入推进，粮食综合生产能力不断夯实，农村一二三产业融合水平显著提高。在取得成绩的同时，我国农村产业发展同样面临多重挑战。主要表现在保障国家粮食安全仍然面临较大压力；农业产业体系与社会需求的适应性还有差距，大豆、棉花等作物供求缺口较大，对外依赖程度不断增加；农产品精深加工能力偏弱、附加值不高；部分地区农业生产效率与规模比较优势缺乏一致性，农产品产销的地域分异扩大，产品生产与消费的区域不平衡性增强；农业与旅游、文化等产业融合程度不高，部分地区乡村旅游、休闲农业等新产业新业态可持续性较差、同质化突出；农业社会化服务还不能满足现代农业发展需求等。新发展阶段，农业强国战略的实施以及城乡居民消费结构的升级，为优化农业产业体系提供了契机。用现代发展理念、现代经营形式、现代科学技术提升改造农业，打造组织体系完善、市场运作高效、产业布局合理、产业功能多元的现代农业产业体系，成为现代农业产业的发展方向。

四、我国加快推动农业农村现代化的着力方向

新时期，坚持农业农村优先发展，锚定农业农村现代化的主攻方向，吸引各级各类资源要素更多地投入农业农村领域，加快推动农业农村发展实现新突破，是全力做好农业农村现代化时代答卷的必然要求。

（一）强化科技自立自强

农业科技水平体现着农业强国的"硬实力"，习近平总书记指出，要依靠科技和改革双轮驱动加快建设农业强国。因此，推动农业农村现代化建设需要充分发挥科技创新的引领和支撑作用，提升农业科技创新体系整体效能。一是加快实现高水平农业科技自立自强。加强顶层设计，整合科研力量，支持农业领域重大创新平台建设，打造国家农业科技战略力量，继续紧盯世界农业科技前沿，大力推动农业关键核心技术攻关和创新突破。二是持续提高农业科技投入水平。加大对基础性、公益性研究的支持力度，完善农业科技领域基础研究稳定支持机制。三是推动农业科技成果转化和应用。畅通转化应用渠道，建立健全农业科技系统多级联动工作机制，在财政支持、机构设置、人员配置等方面形成纵向农业科技成果转化支撑链条。推进科技与产业深度融合，建立产业技术研究院等协同创新载体，重点打造一批创新能力高、市场竞争力强的农业科技龙头企业。持续发挥科技特派员作用，鼓励和支持科技特派员开展农业科技成果推广应用。

（二）强化制度集成创新

推进农业农村现代化建设是一个系统工程，仅仅依靠单个领域、单个层面的改革难以奏效，要站在整体和全局高度，适应发展的新情况新要求，用好新的有利条件，统筹协调和推动各领域、各层次之间的制度集成，深刻把

握各项制度之间的内在联系和辩证关系，不断放大集成效应。一是强化顶层制度设计，聚焦农村集体产权制度改革、城乡融合高质量发展、科技赋能农业农村现代化、乡村治理现代化等方面，优化制度供给，建立起更加完备、更加系统、更加稳定的制度体系。二是优化制度实施流程，以责任清单化、项目化、节点化推动部门有效协同，促进多方面多领域多层次政策制度和体制机制的集成，实现跨部门跨领域跨行业的系统性、集成性的改革创新。三是提升制度实施效能，以数字技术促进流程重造、资源重配、机制重构，增强制度供给的系统性、整体性、协同性，形成建设农业农村现代化的强大合力。

（三）强化关键领域改革

深化改革是解决农业农村发展问题的重要路径。新时期，深化农村改革，要聚焦关键领域，在坚守底线前提下，鼓励各地实践探索和制度创新，激发农业农村发展活力。一是稳妥推进第二轮土地承包到期后再延长三十年的试点工作。以稳定基本经营制度、尊重农民主体地位、坚持依法有序推进、维护农村社会稳定为原则，探索建立农村土地承包经营权长效管理机制。二是稳慎推进农村宅基地制度改革试点。不断探索完善集体所有权、农户资格权、宅基地使用权等权利内容及其分置的实现形式。三是深化农村集体经营性建设用地入市试点。加快建立同权同价、流转顺畅、收益共享的农村集体经营性建设用地入市制度，完善土地增值收益分配机制。四是巩固提升农村集体产权制度改革成果。探索开展集体资产收益权抵押担保、有偿退出的典型做法；建立健全农村集体资产管理制度；强化农村集体经济组织法治保障，加快推进农村集体经济组织立法进程。五是持续深化集体林权制度改革、农业水价综合改革、农垦改革和供销合作社综合改革等。

（四）强化县域单元推进

县域以农村为地缘基础，以城镇为联结纽带，是实现城乡要素双向流动的最直接、最有效的空间载体，也是推进农业农村现代化发展的重要地域单元。推进农业农村现代化建设，应以县域为单元，构建功能互补、两栖联动的发展机制。一是优化县域空间结构。发挥县域作为农村与城镇的联结纽带作用，统筹城乡产业、基础设施、公共服务、资源能源、生态环境等布局，构建以县城为中心、以乡镇为节点、以农村为腹地的城乡融合发展空间体系。二是统筹城乡产业发展。重点打造现代农业产业园、特色小镇、特色田园乡村、田园综合体等城乡融合发展平台载体，为县域农业农村发展不断注入资金、人才、技术等先进要素的"源头活水"，以乡村产业振兴引领农业农村现代化。三是加强典型示范带动。选取一批具备条件的县（市、区），围绕农业主导特色产业，进行重点行业扶持，实现重点区域突破，打造农业强县，并以点带面，积极开展示范引领，推动形成县域农业高质量发展新格局。

参考文献

[1] 陈锡文.实施乡村振兴战略，推进农业农村现代化[J].中国农业大学学报(社会科学版),2018,35(1): 5-12.

[2] 杜志雄.农业农村现代化：内涵辨析、问题挑战与实现路径[J].南京农业大学学报(社会科学版),2021,21(5): 1-10.

[3] 韩保江,李志斌.中国式现代化：特征、挑战与路径[J].管理世界,2022,38(11): 29-43.

[4] 黄祖辉.准确把握中国乡村振兴战略[J].中国农村经济,2018(4): 2-12.

[5] 李明星,覃玥.农业农村现代化：历史回溯、时代内涵、目标定位与实现路径[J].当代经济研究,2022(11): 71-82.

[6] 李实,陈基平,滕阳川.共同富裕路上的乡村振兴：问题、挑战与建议[J].兰州大学学报(社会科学版),2021,49(3): 37-46.

[7] 李实.共同富裕的目标和实现路径选择[J].经济研究,2021,56(11): 4-13.

[8] 刘培林,钱滔,黄先海等.共同富裕的内涵、实现路径与测度方法[J].管理世界,2021,37(8): 117-129.

[9] 刘彦随. 中国新时代城乡融合与乡村振兴 [J]. 地理学报, 2018, 73(4): 637-650.

[10] 魏后凯. "十四五"时期中国农村发展若干重大问题 [J]. 中国农村经济, 2020(1): 2-16.

[11] 文丰安. 全面实施乡村振兴战略：重要性、动力及促进机制 [J]. 东岳论丛, 2022, 43(3): 5-15.

[12] 辛岭, 刘衡, 胡志全. 我国农业农村现代化的区域差异及影响因素分析 [J]. 经济纵横, 2021(12): 101-114.

[13] 国务院发展研究中心农村经济研究部课题组, 叶兴庆, 程郁. 新发展阶段农业农村现代化的内涵特征和评价体系 [J]. 改革, 2021(9): 1-15.

[14] 袁红英. 政策集成推动农民农村共同富裕 [J]. 理论导报, 2022(8): 33-35.

[15] 张海鹏. 中国城乡关系演变 70 年：从分割到融合 [J]. 中国农村经济, 2019(3): 2-18.

[16] 张旺, 白永秀. 数字经济与乡村振兴耦合的理论构建、实证分析及优化路径 [J]. 中国软科学, 2022(1): 132-146.

扩大内需战略背景下
促进农村居民消费升级的路径与对策

朱文博

（中国社会科学院农村发展研究所）

摘　要：扩大内需战略的关键抓手是消费，农村居民拥有消费升级的巨大潜力。进入新时代以来，中国农村居民消费水平快速提升，消费结构向享受性和服务性消费升级，城乡消费差距和区域消费不平等明显但逐渐收窄，消费方式也向线上消费和下乡消费转变。然而，农村居民的消费能力和消费意愿有待提升，农村地区的消费条件和消费环境亟须改善。消费需求模型的预测结果显示，未来十年间中国农村消费存在较大的升级空间，在中位增长情景下，消费增幅居于前三位的类别分别为医疗保健、居住和教育文化娱乐。未来要多方面发力推动农村消费升级，从需求端统筹农村居民消费意愿和消费能力的"两提升"，从供给侧协调农村地区消费条件和消费环境的"双优化"，推动农村消费从"买得起"和"愿意买"向"买得到"和"买得好"转变，满足农村居民日益增长的多元化、高质量、差异化消费需求，最终实现消费全面升级和内需潜力有效释放。

关键词：扩大内需战略；农村居民；消费升级；实践路径；对策建议

"扩大内需战略"于2022年首次写入中国共产党全国代表大会的主报告，并于同年发布了第一个国家级长期战略规划纲要《扩大内需战略规划纲要（2022—2035年）》。2023年中央经济工作会议强调着力扩大国内需求，要激发有潜能的消费。习近平总书记明确指出："构建新发展格局，把战略基点放在扩大内需上，农村有巨大空间，可以大有作为"。扩大内需的关键就是看消费,农村居民拥有消费升级的巨大潜力。国家统计局数据显示,2022年,拥有全国35%人口规模的农村地区仅贡献了13%的社会消费品零售额,同期农村居民恩格尔系数高于城镇居民4个百分点,人均服务性消费支出比重低于城镇居民7个百分点。消费升级巨大潜力的背后是农村居民面临的消费能力不强、消费意愿不高、消费条件不好、消费环境不优等一系列供需两侧短板问题,这源于农村居民的特殊消费特征和农村地区的特殊发展现状,即农村居民收入低且不稳定,消费理念传统落后不能与时俱进,农村消费基础设施和公共服务供给不足,消费市场监督监管体系不完善等等(张义博和涂圣伟,2022;魏后凯和卢千文,2023)。在扩大内需战略背景下探索和研究农村消费升级①的路径和对策在中国具有现实必要性和紧迫性。本文以促进农村消费升级作为扩大内需的重要切入点,重点分析我国农村居民消费的现状特征,总结农村居民消费升级所面临的问题,并预测未来消费升级发展趋势,最后提出促进农村居民消费升级的实践路径与对策建议。

一、农村居民消费现状特征

(一)消费结构向享受性和服务性消费升级

进入新时代以来,我国农村居民消费支出快速增长。根据表1,从总体消费水平看,农村居民人均消费支出从2013年的7485元增长到2022年的16632元,实际年均增长率为7.2%。从八大类商品或服务的消费水平变动看,2013年至2022年,农村居民各类消费支出均呈现显著增长趋势,实际年均增长率在5.4%~8.9%,增速由高到低的消费类别依次是交通通信、医疗保健、教育文化娱乐、居住、食品烟酒、其他用品及服务、生活用品及服务、衣着。新时代十年消费水平的全面增长是农村居民迈向共同富裕目标的坚实

---

① 本文中的农村消费指的是农村居民的生活性消费,即农村地区常住成员用于满足家庭日常生活的产品和服务。

一步。

农村居民消费结构展现出生存性消费支出比重降低，发展享受性消费和服务性消费的支出比重提高的演变趋势。根据表1，2013—2022年，农村居民的生存性消费支出比重从61.3%下降到59.2%，发展享受性消费支出比重从36.8%上升到39%，服务性消费支出比重从34.3%上升到38.2%。从具体八大类消费支出的份额变动看，2013—2022年，农村居民的食品烟酒、衣着、生活用品及服务、其他用品及服务方面的支出份额呈现降低趋势，其中食品烟酒支出份额的降幅最大，居民家庭恩格尔系数从34.1%下降到了33.0%；交通通信和医疗保健的支出份额均有所增长，前者变化主要得益于乡村数字经济发展和基础设施完善，后者变化可能来源于农村老龄化；居住和教育文化娱乐的支出份额基本维持不变，从一定程度上体现出房地产、家居装饰和文娱行业的发展动力不足。

根据马斯洛需求层次理论，生理需求是人类生存所需的基本底线需求，发展享受性和服务性消费是指人们为了满足可持续发展需求以及舒适快乐需求而产生的。发展享受性消费和服务性消费体现了马斯洛需求层次理论中的高层次需求，从上文数据看，虽然农村居民消费升级的趋势已形成，但生存性消费依旧是最大的支出项，无论是发展享受性消费还是服务性消费的支出比重都还处于相对较低水平，这意味着农村居民消费升级的潜力空间较大，补足消费短板、助力内需增长具有迫切性。

表1 农村居民消费支出的基本特征

指标	消费支出变动（元、%）			消费支出份额变动（%）		
	2013	2022	实际年均增长率	2013	2022	变动的百分点
人均消费支出	7485	16632	7.2	100.0	100.0	0.0
食品烟酒	2554	5485	6.8	34.1	33.0	-1.1
服务性消费支出比重	—	—	—	34.3	38.2	3.9

续表

指标	消费支出变动（元、%）			消费支出份额变动（%）		
	2013	2022	实际年均增长率	2013	2022	变动的百分点
衣着	454	864	5.4	6.1	5.2	-0.9
居住	1580	3503	7.2	21.1	21.1	0.0
生活用品及服务	455	934	6.3	6.1	5.6	-0.5
交通通信	875	2230	8.9	11.7	13.4	1.7
教育文化娱乐	755	1683	7.3	10.1	10.1	0.0
医疗保健	668	1632	8.4	8.9	9.8	0.9
其他用品及服务	144	300	6.5	1.9	1.8	-0.1
生存性消费支出比重	—	—	—	61.3	59.2	-2.1
发展享受性消费支出比重	—	—	—	36.8	39.0	2.2
服务性消费支出比重	—	—	—	34.3	38.2	3.9

注：农村居民消费支出额为名义值；增长率为基于农村居民消费价格指数平减后的实际增长率；生存性消费包括食品烟酒、衣着和居住的消费；发展享受性消费包括生活用品及服务、交通通信、教育文化娱乐、医疗保健的消费；服务性消费支出是指住户用于餐饮服务、教育文化娱乐服务和医疗服务等各种生活服务的消费支出。

资料来源：根据中国国家统计局年度数据库整理和测算。

（二）消费方式向线上消费和下乡消费升级

经过新时代十年的发展以及新冠疫情的结构性冲击，农村居民的消费方式主要发生了两方面的转变：

一是由线下的传统型消费方式向互联网线上消费方式转变。随着农业农村数字化水平不断提升，网上购物在农村地区迅速普及。直播带货等新型电商模式不断涌现，加快了农村居民消费方式的转变。尤其是在新冠疫情暴发后，农村电子商务凭借其非接触和产销高效衔接等优势在县域稳产保供、复工复产和民生保障等方面发挥了重要作用。中国消费者协会的调查数据显示，农村居民已经形成了较为稳定的网络消费习惯，接近四成的农村居民网上购物的频率已达到每月平均1—5次（39%），每月在网上消费6次以上的比例也达到了18.9%，每月平均不到1次的比例为25.9%。根据农业农村部信息中心和中国国际电子商务中心数据，2021年中国县域网络零售额达43828亿元，按可比口径同比增长15.4%，占全国网络零售额的比重为33.5%，比上年提高了3.5个百分点。从网购商品类型也可以看出农村消费的升级趋势，县域网络零售额增速最快的三类商品分别为医疗健康、手机数码、休闲娱乐。

二是由农村居民本地消费为主向城市居民下乡消费增多转变。近年来，美丽乡村建设快速推进，"花乡""水镇""山寨""渔村"等特色乡村不断涌现，城市居民下乡消费日益增多，体现了现代城市人群在物质生活丰足后追崇回归田园、寄情山水、畅享自然的新时代需求。"乡村旅游+数字经济"为乡村发展带来了新机遇，尤其是不少传统古村落积极利用短视频、直播等数字传播方式，让一些长期以来鲜为人知的乡村风光和乡土文化进入游客的视野。燃爆网络的"村超""村BA"等IP更是催生了乡村体育旅游的快速崛起。携程集团发布的《携程乡村旅游振兴白皮书（2023）》显示，2023年携程平台乡村旅游订单量恢复到疫情前的2.6倍，同时民宿行业创造了过去5年来民宿数量的最大增幅，达到历史高点。城市居民在农村的消费支出增加，农村居民就多了一项收入来源，农村居民的消费能力自然会增强，城乡居民的消费互动效应将促进全体居民共同富裕的实现。

（三）消费的城乡差异明显但差距逐步收窄

从消费结构看，城乡居民消费格局趋于稳定但消费差距较大，城镇消费规模明显高于农村。根据图1，2013年以来，城乡居民总体消费占比基本保持稳定发展态势，城镇占全国社会消费品零售总额的比重远高于乡村，两者分别稳定在86%左右和14%左右，换言之，城镇消费体量大约是乡村的6倍。同时，城乡居民消费规模均呈现出增长趋势，且城镇增速快于乡村。2022年，城镇社会消费品零售总额比2013年增长了87.9%，乡村社会消费品零售总额增

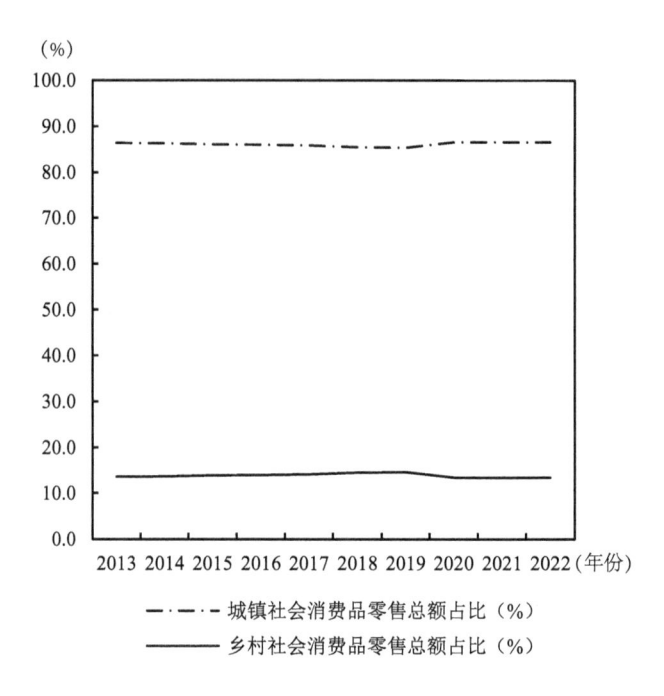

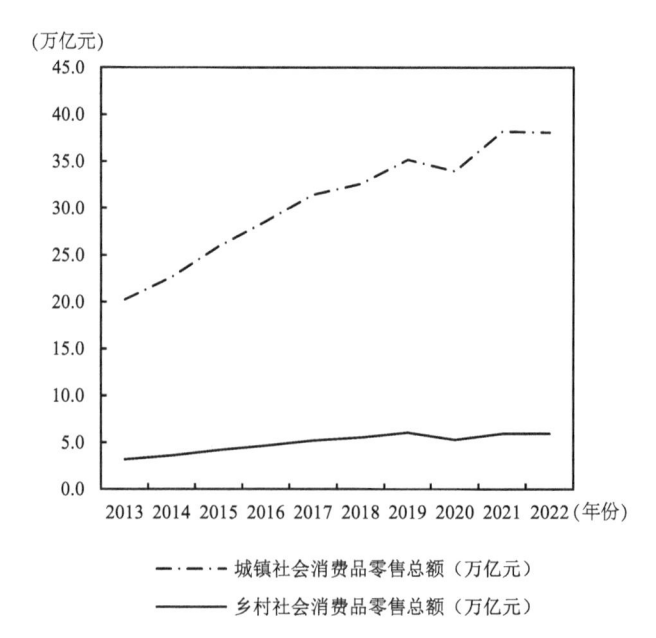

图1 城乡居民总体消费比重和消费水平

数据来源：根据中国国家统计局公布的数据整理、计算和绘制。

幅为85.7%，剔除通胀因素后的实际增幅分别为57.9%和56.5%。由此可见，城乡居民总体消费规模和增长动力均存在明显差距。不过也应注意，城乡居民总体消费规模变化的背后涵盖了城乡人口规模和结构的变迁，即快速发展的人口城镇化特征。因此，比较城镇居民和农村居民的人均消费水平更能够有效说明问题。

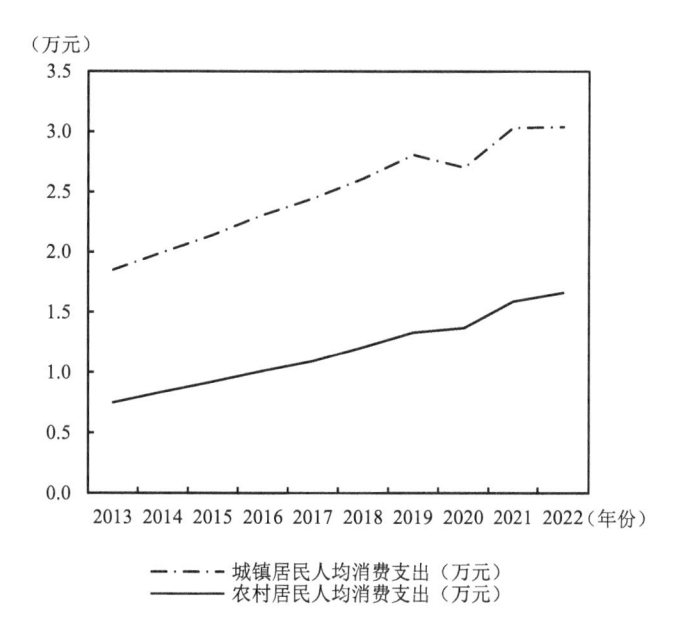

从城乡人均消费特征看，城乡居民人均消费水平快速提升，但消费水平和消费意愿呈现出"城乡倒挂"特征。根据图2，2013年以来，城镇居民和农村居民的人均消费支出均呈现出增长趋势，如果剔除掉价格因素的影响，城乡人均消费水平分别实际增长了38.1%和87.3%，增幅差异在一定程度上反映出农村消费增长动力强劲和城镇消费增长后劲不足的现状。消费水平和消费意愿的"城乡倒挂"具体表现为城镇居民消费水平高于农村居民，而消费意愿低于农村居民。城镇居民的平均消费倾向由2013年的0.699下降至2022年的0.617，而农村居民的平均消费倾向则由2013年的0.794增长至2022年的0.826。

图2 城乡居民人均消费水平和消费倾向变动

数据来源：根据中国国家统计局公布的数据整理、计算和绘制。

城乡消费差距小于城乡收入差距且都呈现逐渐缩小的趋势。根据图3，2013—2022年，城乡居民人均可支配收入之比从2.8缩小到2.4。同期，城乡居民人均消费支出之比从2.5缩小到1.8，比值更小且下降速度更快。从具体消费支出类别看，食品烟酒、医疗保健、教育文化娱乐和交通通信支出的城乡差距较小，衣着和居住支出的城乡差距较大。除了食品烟酒类别，发展享受性消费支出反而比生存性消费支出类别城乡差距小，这意味着在统筹新型城镇化和乡村全面振兴发展的背景下，现阶段政府推动城乡基础设施建设和公共服务均等化的着力重点是补齐农村生存性消费短板。

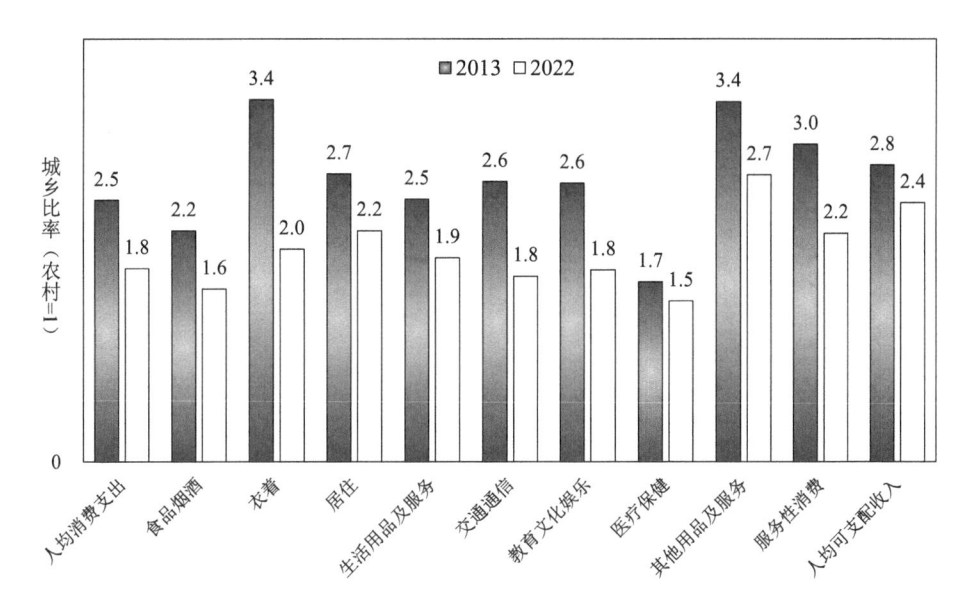

图3　城乡消费比率和收入比率变化

注：城乡比率为城镇居民消费支出（或人均可支配收入）与农村居民消费支出（或人均可支配收入）的比值。

数据来源：根据中国国家统计局公布的数据整理、计算和绘制。

（四）消费的区域不平衡显著且东部优于西部

不同区域的农村居民消费水平差异巨大。根据图4，2022年人均消费支出额最高的三个省份为浙江、上海和北京，分别为27483元、27430元和23745元，均突破了2万元人民币的大关，相比2013年的消费水平分别实现了6.8%、6.6%和4.4%的年均实际增长。2022年人均消费支出额最低的三个省份为西藏、甘肃和山西，分别为11139元、11494元和12091元，比2013年的消费水平年均实际增长9.6%、6.2%和5.2%。其中，2013年，浙江的人均消费支出水平是西藏的3.12倍，2022年缩小到2.47倍。

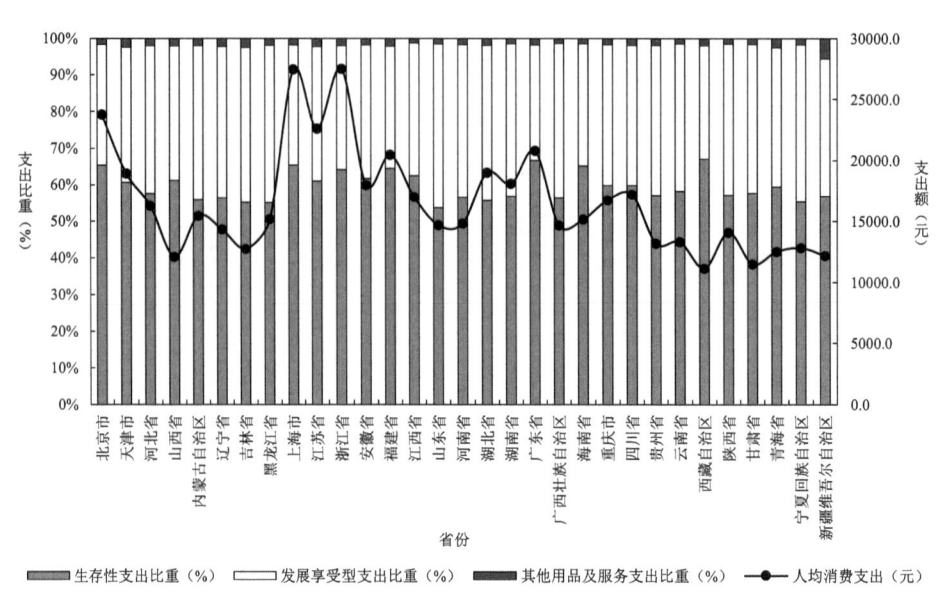

图 4　2022 年不同省份的消费特征差异

数据来源：根据中国国家统计局公布的数据整理、计算和绘制。

　　进一步从不同区域的消费支出结构看，经济发展水平较高或者人均消费水平较高的地区呈现出更明显的消费结构升级特征，表现为生存性支出比重低，而发展享受性支出比重相对较高，这与前一部分全国层面的消费升级特征具有一致性。2022年，在人均消费支出水平最高的浙江省，农村居民生存性支出比重和发展享受性支出比重分别为64.1%和33.9%，而在人均消费支出水平最低的西藏地区，农村居民生存性支出比重和发展享受性支出比重分别为67.1%和30.9%，浙江和西藏的两个指标的差距均在3个百分点左右，比上一年度明显缩小。

　　最后从区域间消费水平和消费倾向的关联性分布特征看，四大区域[①]居民的消费水平和消费意愿呈现出"东西错位"特征。具体表现为东部地区居民消费水平高、消费意愿低，中西部及东北地区居民消费水平低、消费意愿

---

① 根据中国国家统计局对东中西部和东北地区的划分方法，东部地区包括北京、天津、河北、上海、江苏、浙江、福建、山东、广东、海南；中部地区包括山西、安徽、江西、河南、湖北、湖南；西部地区包括内蒙古、广西、重庆、四川、贵州、云南、西藏、陕西、甘肃、青海、宁夏、新疆；东北地区包括辽宁、吉林、黑龙江。

高。从图5可以看出，2022年，东部地区省份的人均消费支出较高且平均消费倾向较低，中西部及东北地区的人均消费支出较低且平均消费倾向较高。

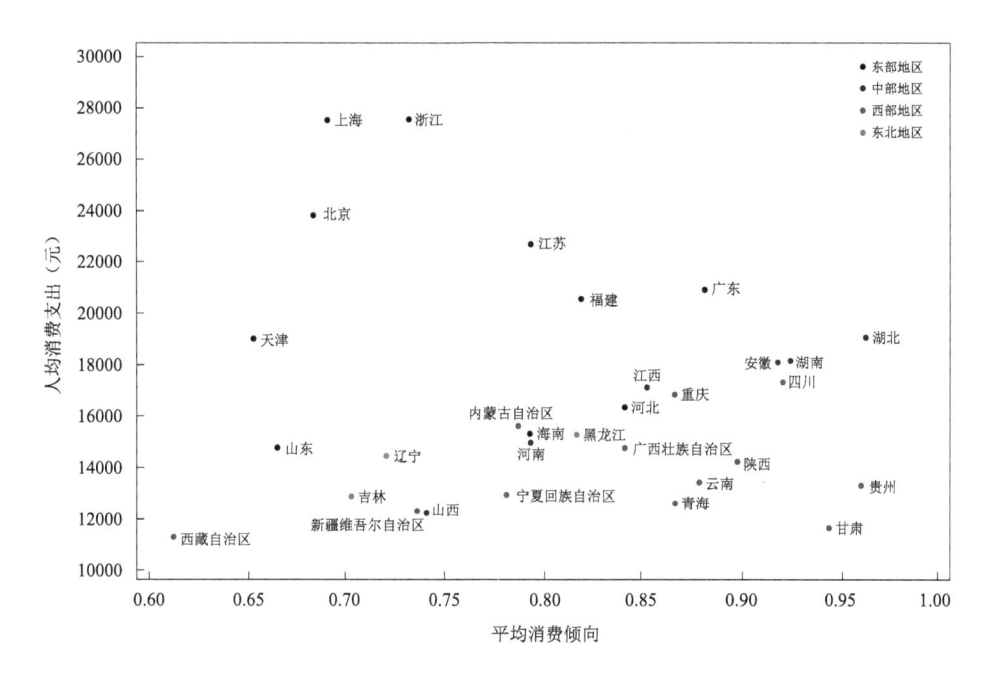

图 5 2022年四大区域居民的消费水平和意愿比较

数据来源：根据中国国家统计局公布的数据整理、计算和绘制。

二、农村居民消费升级面临的现实困境

农村消费无论是在消费支出结构上还是在消费方式上均表现出了升级发展的态势，但是从供需两端看仍然存在短板，在一定程度上制约了农村居民消费升级。

（一）农村居民收入增速低且不稳定导致消费能力弱

居民消费能力最直观的体现就是收入水平，收入的相对增速以及收入的相对稳定性直接影响消费者的消费意愿。现实中，农村居民的收入增长速度

跟不上消费增长速度，应对物价上涨的承受能力不足，农村居民生活支出压力较大。2013年至2022年，农村居民人均消费支出实际增长了87.3%，而人均可支配收入实际仅增长了79.9%，二者增速之间有接近8个百分点的差距。

不仅如此，农村居民收入来源的不稳定也是导致其消费能力弱的根本原因。据作者计算，1978—2020年，农村居民和城镇居民人均可支配收入的变异系数分别为1.161和1.134；2010—2020年，二者的变异系数分别下降到0.307和0.267。可见，无论是长期还是短期，农村居民收入的离散程度更大、收入不稳定性更强。农民是生产和消费的复合体，面临着生产决策和消费决策的并行和权衡，即生产投入成本上升可能降低消费倾向和挤压消费空间。同时，农民还面临着生产经营的不确定性，即市场风险和自然风险并存，未来的不确定性可能会降低当期消费。此外，农村居民还会面对教育内卷、失业风险、医疗压力、养老需求等刚性需求和不确定性风险。在收入不稳定和社会保障体系不健全的背景下，农村居民都普遍存在更明显的预防性储蓄行为，可能会对消费需求产生较大的挤出效应。

（二）农村居民消费观念落后导致消费不合理

农村居民消费观念的落后主要体现在现代高质量消费的信息缺失和传统不合理消费习惯的固化。前者在饮食消费上尤其突出，虽然农村居民的基本饮食需求已经得到满足，但是由于《中国居民膳食指南》等健康膳食信息在农村地区缺乏有效的传播机制和途径，农村居民对健康饮食信息的了解不充分，农村膳食不均衡问题较为突出，直接后果是超重肥胖的迅速蔓延。根据中国健康与营养调查（CHNS）数据，中国农村成年居民超重率和肥胖率均处于上升趋势且增速均高于城市成年居民，2015年，农村成年居民超重和肥胖率合计为47.6%，意味着近一半的农村成年居民面临超重或肥胖问题。消费信息的缺位直接影响了高质量消费的可得性，从"没钱不能买"发展到"有钱不知道如何花"，仍然没有解决农村消费不足的根本问题。

传统不合理消费的习惯固化一方面体现为传统省钱储蓄思维下的"有钱

不舍得花"。农村地区部分属于体制内或事业单位的家庭，收入水平并不低，但是依然无法达到与其收入水平相匹配的消费水平，这背后是长期以来代际相传的消费观念的影响。反映高质量消费水平的耐用消费品中，除了照相机，其他主要耐用消费品拥有量的城乡差距均在缩小，但是汽车、微波炉、空调、热水器、抽油烟机拥有量的城乡差距较大，比值维持在1.3以上，反映出农村居民耐用消费品使用时间长、更新换代慢的特征，直接映射出城乡居民消费水平的差距。另一方面体现为人情消费和攀比消费下的"有钱乱花"。农村居民的住房和交通消费支出压力较大，受婚嫁传统和社会"面子"的影响，修缮房屋和购买房产以及买车越来越成为一种刚性需求，甚至可能通过借贷进行超前消费，严重挤压其他消费。此外，婚丧嫁娶大操大办导致了诸多不合理的人情消费，并可能形成恶性循环。

（三）农村地区消费条件有限导致优质消费品供给能力低

首先，农村地区快递物流基础设施薄弱。农村地区快递物流基础设施肩负着畅通农产品出村进城和工业消费品下乡进村双向流通渠道的重任。在原产地"最初一公里"的农产品上行环节，冷链物流和冷链仓储设备不发达，导致农产品运输和储存的损耗大、成本高；在消费端"最后一公里"的消费品下行环节，由于农村居民居住分散，终端物流的配送体系不完整，导致配送时间长、成本高。中国消费者协会发布的《2022年农村消费环境与相关问题调查报告》显示，824个调查村庄中明确没有快递点位的占34%，农村商品种类少（29.7%）、连锁或品牌零售店数量不足（21.8%）等供给不足问题被受访者提及的比例均显著高于农村消费产品的质量和服务问题。

其次，农村地区数字基础设施薄弱。在电商快速发展背景下，农村网购的便捷程度除了受物流设施影响，还受限于网络通信设施的发展。农村地区家庭网络设施严重落后于城市。国家统计局数据显示，2022年，农村宽带接入用户数为1.76亿户，仅为城市用户数的42.7%。同时，农村的移动通信网络还存在信号覆盖面不全的问题，尤其是西部地区以及山区的网络基站数量较少，目前仍有网络盲区。《2022年农村消费环境与相关问题调查报告》显示，35.1%的农村居民认为农村消费目前最突出的问题是农村网络通信信号差。

最后，农村地区旅游配套基础设施薄弱。与下乡旅游消费的热度相比，农村地区道路硬化、游览线路标识等相关配套基础设施的发展则相对滞后，保证游客"进得来""留得住""玩得好"的交通、景点、餐饮、住宿等全程旅游设施体系不完善。同时，发展乡村旅游的主要障碍是土地问题，如何在不占用永久基本农田、不逾越耕地红线、不破坏生态环境和乡村风貌的底线下发展乡村旅游，进而实现三产融合与农民致富，是亟须解决的问题。

（四）农村地区消费环境不优导致消费体验差

农村消费环境直接影响农村居民消费体验，充满"乌烟瘴气"的消费环境不利于当地消费者形成长期良好可持续的消费习惯，造成供需错配和消费低迷。农村地区的商业组织形式较为单一，商业经营的规范程度不高，基本格局主要以乡村的小商店、小超市为主，中等非连锁商超为辅。农村居民由于缺乏必要的消费知识和消费维权意识，对商品价格高度敏感，特别是对于大量留守农村的老年人来说，分辨商品品质对他们来说并非易事，客观上也为低价销售的假冒伪劣商品、"三无"商品提供了生存土壤，甚至形成劣币驱逐良币现象。中国消费者协会的调查结果显示，超过四成的农村消费者最近一年内曾在本村或乡镇市场上买到过假冒伪劣产品、"三无"产品，其中40.9%的消费者表示偶尔买到，3.6%的消费者表示经常买到，从未买到过的消费者占比为34.9%。售后服务供给不足一直是农村消费环境提升的主要短板之一，调查发现，35.0%的农村消费者反映所在村的商场、超市不提供商品的退换货服务。

三、农村居民消费升级的趋势展望

1.预测方法说明

预测未来消费水平增长和消费结构变化的程度和方向，主要有两种研究范式：第一种是倾向判断法，通过估计边际消费倾向来反映消费潜力释放的可能性（陈昌盛等，2021；姚健等，2022）；或者从长期趋势探讨消费的波动和收敛，以此来表征消费潜力大小（李研和洪俊杰，2021）。第二种是需求模型法，从新古典经济理论出发，采用双对数模型、近乎理想需求系统（AIDS）及其拓展模型等需求模型估计收入、价格等影响因素和消费需求之间的复杂关系，然后基于此关系开展需求预测（Zheng et al.，2019）。本研究将采用理论性更强的需求模型法。

本部分将基于国家统计局2022年的基期消费数据对2030年农村居民的消费前景进行展望，开展预测的基本思路为：基于2022年全国农村居民人均可支配收入、人均消费支出及八大类消费支出的数据，通过设定不同预测情景，运用二次型近乎理想需求系统（Quadratic Almost Ideal Demand System，QUAIDS）模型[①]对不同情景下的八大类消费支出比重进行预测，最后计算出各类消费项的具体支出额以及反映消费结构特征的指标。需要说明的是，在设定的QUAIDS模型中，共包含了八个消费方程，分别对应于国家统计局口径下的八大类消费支出。模型的被解释变量为消费支出份额，在解释变量中充分考虑消费需求的可能影响因素，包含总收入和八类价格指数外，还纳入了消费能力、消费意愿、消费条件和消费环境四个维度的影响因素作为控制变量。其中，消费能力和消费意愿是需求端的消费驱动因素，前者强调"买得起"，受制于消费预算约束的大小，后者强调"愿意买"，由消费偏好和理念所决定，二者共同决定了消费者行为；消费条件和消费环境是供给侧的

---

① QUAIDS模型是在2015年诺贝尔经济学奖得主安格斯·迪顿构建的AIDS模型的基础上发展而来的，相比于单方程模型和早期的需求系统模型，该模型具备理论一致性、方便运算、能够运用到加总数据和可分的需求结构中去的优势，而且可以刻画非线性二次型的恩格尔曲线，对于开展基于收入变动的模拟预测研究具有明显的优势（Deaton and Muellbauer，1980）。

消费驱动因素，前者强调"买得到"，取决于消费基础设施和公共服务供给，后者强调"买得好"，受宏观经济大环境的影响。在进行模型估计时处理了支出的内生性问题。考虑到篇幅限制，模型的方程设定可参考Banks et al.（1997）等相关研究。

对于具体的变量选择，在消费能力维度下的影响因素中，用收入水平表示支付能力，核心解释变量为农村居民人均可支配收入的对数，考虑到消费需求与收入之间可能存在非线性关系，将人均可支配收入对数的平方项纳入模型；同时，选择农村居民最低生活保障人数作为社会保障水平的代理变量。在消费意愿维度的影响因素中，由于平均消费倾向与收入之间存在显著的相关关系，故不纳入模型，而将老龄化水平、教育水平和城镇化发展水平这三个影响消费理念从而能够改变消费意愿的因素考虑在内，分别用65岁及以上人口比重、每十万人高校平均在校生数、人口城镇化率变量作为代理变量放入模型。在消费条件维度的影响因素中，用公路里程和农村投递路线来反映货运便利程度，用农村电话普及率和农村互联网宽带接入用户来反映通信便利程度，用快递量和电子商务销售额来代表电商发展水平，用村卫生室数和农村有线广播电视用户数来反映消费基础设施建设情况。在消费环境维度的影响因素中，选取地区生产总值和地方财政农林水事务支出作为宏观经济环境的代理变量。

本部分在开展预测时，假定收入外的其他因素保持不变，即通过居民未来收入水平的变化来推断消费水平及结构的变化，这是因为其他因素对消费的影响程度要远低于收入带来的增长效应（郑志浩等，2016）。考虑到未来农村居民收入增长变动的不确定性以及收入增速可能放缓的经济规律，本文设定三种情景方案开展预测，分别为中位增长情景、低位增长情景和高位增长情景。在2022—2030年预测期间，假定高位增长情景的收入增长率等于2016—2022年的年均增长率，而中位增长情景在该年均增长率的基础上放慢3个百分点，低位增长情景的收入增长率再放慢3个百分点。

2.预测结果分析

表2展示了2030年农村居民消费支出水平及结构的预测结果。从消费总支出的展望结果来看,2030年农村居民人均消费支出将达到19918—31167元,其中中位增长情景预测值为24985元,比2022年消费支出水平(16632元)增长了50.2%。从八大类商品与服务消费金额的展望结果来看,一方面,食品和衣着消费支出将有所下降,中位增长情景下的降幅约为32.7%和8.6%,而其他各类消费支出将会继续增长,增幅居于前三位的分别为医疗保健、居住、教育文化娱乐,消费支出增幅分别达到了132.8%、130.3%和88.9%。另一方面,消费支出结构发生显著变化,2022—2030年,居住、交通通信、教育文化娱乐和医疗保健消费支出份额继续上升,中位增长情景下2030年分别达到了32.3%、15.0%、12.7%和15.2%,分别比2022年增加11.2个百分点、1.6个百分点、2.6个百分点和5.4个百分点;食品烟酒、衣着、生活用品及服务和其他用品及服务的支出份额呈现下降趋势,降幅最大的为食品烟酒,降幅达到了18.2个百分点。低位增长情景、高位增长情景和中位增长情景间的消费支出结构差异不大,反映出了支出结构预测的稳健性。

表2 2030年农村居民消费支出水平及结构预测

指标	2022年基期值		2030年预测值					
			中位增长情景		低位增长情景		高位增长情景	
	金额(元)	比重(%)	金额(元)	比重(%)	金额(元)	比重(%)	金额(元)	比重(%)
人均消费支出	16632	100.0	24985	100.0	19918	100.0	31167	100.0
食品烟酒	5485	33.0	3689	14.8	4180	21.0	3550	11.4
衣着	864	5.2	790	3.2	800	4.0	719	2.3
居住	3503	21.1	8069	32.3	5687	28.5	10754	34.5
生活用品及服务	934	5.6	1281	5.1	1053	5.3	1585	5.1
发展享受性消费支出	6479	39.0	12004	48.0	8908	44.7	15604	50.1

续表

指标	2022年 基期值		2030年预测值					
			中位增长情景		低位增长情景		高位增长情景	
	金额（元）	比重（%）	金额（元）	比重（%）	金额（元）	比重（%）	金额（元）	比重（%）
交通通信	2230	13.4	3743	15.0	2880	14.5	4866	15.6
教育文化娱乐	1683	10.1	3180	12.7	2303	11.6	4211	13.5
医疗保健	1632	9.8	3800	15.2	2672	13.4	4943	15.9
其他用品及服务	300	1.8	433	1.7	344	1.7	540	1.7
恩格尔系数	5485	33.0	3689	14.8	4180	21.0	3550	11.4
生存性消费支出	9852	59.2	12548	50.2	10667	53.6	15022	48.2
发展享受性消费支出	6479	39.0	12004	48.0	8908	44.7	15604	50.1

资料来源：基期情景的数据来源于国家统计局，其他情景的数据为笔者运用需求模型测算。

可见，未来随着社会经济的发展和农村居民收入的增长，农村居民消费支出结构会进一步转型升级，农村住房需求、交通通信需求、医疗保健需求以及教育娱乐文化需求将会主导消费结构的变动。这意味着如果按照以往收入增长模式发展，未来十年中国农村消费升级的潜力较大，表现为恩格尔系数和生存性消费支出比重下降，发展享受性消费支出比重上升。根据表2，到2030年，农村居民家庭恩格尔系数将比2022年下降18.2个百分点，生存性消费支出比重下降9.0个百分点，主要是因为住房支出比重的上升抵消了部分食品和衣着份额的下降；发展享受性消费支出比重将比2022年提高9.0个百分点，其中贡献度最大的是医疗保健类消费，主要在于随着农村老龄化率的提高，与老年人相关的养老支出和看病支出将会显著增长。

四、促进农村居民消费升级的路径与对策

在以中国式现代化推进中华民族伟大复兴的新发展阶段,全面激活农村消费市场,加快农村消费提质升级,不仅能够满足农村居民个性化、多样化、高品质消费需求,也是全面推进和落实乡村振兴、实现农民农村共同富裕的重要举措,有利于促进国内大循环和强大内需体系的形成。基于前文的研究分析,本文认为,未来促进我国农村居民消费升级的实践路径为:以消费品供需理论和消费者行为理论的基本原理为指导,遵循经济学尤其是消费升级发展的一般规律,从需求端统筹农村居民消费意愿和消费能力的"两提升",从供给侧协调农村地区消费条件和消费环境的"双优化",推动农村消费从"买得起"和"愿意买"向"买得到"和"买得好"转变,满足居民日益增长的多元化、高质量、差异化消费需求,最终实现消费全面升级和内需潜力有效释放。

从本文的研究结果看,未来我国农村居民消费具有较大的发展潜力,需要进一步凝聚各方合力,依托我国农村居民消费升级的实践路径,通过政策"组合拳"促进农村消费全面扩容升级。具体的政策措施包括以下四个方面:

(一)健全增收机制和社保体系,提高农民消费能力

提高村民消费能力的关键在于多措并举拓宽农村居民增收渠道,建立依托于产业的长效利益联结机制,要依托各地区的产业优势,让"土特产"以及地理标志农产品真正发挥促农增收的正循环作用,建立起以农民为核心的紧密、稳定、长效的利益联结机制。还要借助乡村数字经济发展的红利,积极发展农村电子商务,通过线上网店销售和直播带货销售等方式,全方位多渠道增加农村居民收入。同时,提高农村居民的生产经营抗风险能力,通过扩大农业保险的覆盖范围,降低农村居民收入波动,稳定其未来消费预期。进一步建立健全农村社会保障体系,各地区可以依托自身的气候优势、区位

特点和产业特性，创新性构建集社会服务功能、养老功能、食育功能等于一体的新型社区助餐服务模式，政府可以在场地提供、税收减免等方面给予一定的优惠补贴，这对于提高农村居民尤其是老年人和留守儿童的膳食健康水平具有重要意义。此外，要针对农村建新房、购新房、装修房以及租房群体给予适宜的政策性倾斜，可增加现金补贴或者提供消费券，在满足居民最基本住房需求的同时，避免居住相关支出比重过高而挤占农村居民的其他类别消费空间。

（二）转变传统不合理消费理念，增强农民消费意愿

聚焦消费升级需要，进一步转变农村居民消费理念。不仅要充分发挥城镇示范效应，促进城乡互动的协调发展，还要向农村居民直接宣传现代新型消费理念。饮食消费中，虽然农村居民的基本食物消费需求完全得以满足，但是还存在健康膳食理念落后和饮食结构不合理等问题。食物消费理念的转变在于更加注重食物的健康营养特性，在农村地区强化新版《中国居民膳食指南（2022）》和中国膳食宝塔的宣传和普及，推动农村居民从高盐、高油、高脂的饮食方式向膳食均衡的方向转变。同时，衣着、家用电器等消费品中的消费理念转变在于注重优质品牌优质产品，增加开展品牌商品下乡进村折扣活动的频次，通过向农村居民发放消费券等方式刺激农村居民消费升级。耐用消费品的消费理念转变在于促进更新换代，更新换代方向在于推动家电产品的轻薄化和智能化，实现家居家装的健康舒适和绿色环保，鼓励汽车向低碳环保和新能源方向更新换代，遏制购买高价汽车的攀比消费风气。

（三）完善基础设施和公共服务，改善农村消费条件

完善农村消费相配套的基础设施和公共服务，增强城乡居民在农村地区消费的可得性和便利性，重点聚焦于快递物流基础设施、网络通信基础设施和乡村旅游基础设施。在完善快递物流基础设施建设上，以县域为抓手，强化县域乡镇商贸设施和到村物流站点建设，彻底打通消费品下乡的"最后一

公里"。在提升网络通信基础设施建设上,要在农村地区扩大主要网络运营商基站的数量和覆盖范围,让偏远地区和偏僻山区有信号、有网络,还要逐步调低手机流量费和网络宽带资费,普及移动支付等消费新业态、新模式,降低网络购物的通信成本,提高其便利程度。在改善乡村旅游基础设施建设上,要强化多元一体化的综合配套服务设施,以提高交通等基础设施和公共服务的供给能力为核心,推动城际旅游路、乡间旅游路建设,使旅居游客"进得来",创造消费机会;同时完善旅游景点的布局规划及配套基础设施和服务,使旅居游客"留得住",扩大消费规模;改善餐饮、住宿等配套基础设施和服务,使游客"玩得好",升级消费体验。

(四)加强消费市场质量监管,净化农村消费环境

随着农村居民消费升级速度的加快,农村消费市场也要有序发展,有必要强化市场监督监管,推动消费环境加速改善。首先,要加大农村消费市场的日常监管,聚焦城乡结合部、农村集市、农村批发市场等重点区域,保持对农村消费市场质量违法行为的高压态势,严厉打击假冒伪劣和"三无"产品,同时强化生产主体和销售主体的自纠自查、自检自验,将质量安全问题扼杀在供给端。其次,要加大农村消费市场产品的抽查频次和力度,科学制定监督抽查计划,抽查力度向涉及人身健康和生命财产安全的商品指标倾斜,还需要进一步提高监督抽查的统一性和覆盖面,有效整治一批行业性、区域性质量"顽疾",加大处罚曝光力度,实现"发现一个问题、整改一家企业、规范一个行业"。最后,加大对农村不良风气的抵制,遏制农村的不合理人情消费和购买房产、汽车等攀比消费。

参考文献

[1] Banks J, Blundell R, Lewbel A. "Quadratic Engel Curves and Consumer Demand" [J]. *Review of Economics and Statistics*, 1997, 79(4): 527-539.

[2] Deaton A, Muellbauer J. *Economics and consumer behavior*[M]. Cambridge university press, 1980.

[3] 陈昌盛,许伟,兰宗敏,李承健.我国消费倾向的基本特征、发展态势与提升策略[J].管理世界,2021,37(8): 46-58.

[4] 李研,洪俊杰.居民消费不平衡的统计测度及消费潜力分析[J].数量经济技术经济研究,2021,38(11): 84-102.

[5] 魏后凯,芦千文.城乡融合视域下扩大农村内需的潜力与路径[J].中国经济学人,2023,18(4): 2-29.

[6] 姚健,臧旭恒,周博文.中国居民边际消费倾向异质性与消费潜力释放——基于家庭信贷和资产配置视角的分析[J].经济学动态,2022(8): 45-60.

[7] 张义博,涂圣伟.构建新发展格局下扩大农村消费的路径与对策[J].宏观经济研究,2022(11): 54-66+92.

[8] 郑志浩,高颖,赵殷钰.收入增长对城镇居民食物消费模式的影响[J].经济学(季刊),2016,15(1): 263-288.

改革开放以来农村集体产权制度改革逻辑演进与价值指向

马鑫红　巩前文

（北京林业大学马克思主义学院）

摘　要：农村集体产权制度改革是产权制度领域中的一项重大变革，其改革实践不仅事关广大农民群众的切身利益，更对我国发展新型农村集体经济和促进农业农村现代化产生深远影响。改革开放四十多年来，农村集体产权制度改革经历了起步、探索、发展、深化四个阶段的逻辑演进；取得了集体资产归属清晰化，摸清农村集体资产家底；成员身份界定明晰化，增强集体组织成员归属感；内部权能赋予完整化，保障农民合法权益；集体资产流转交易顺畅化，推动城乡市场要素流动四方面的成效。今后应坚持"全国一盘棋"，与国家制度层面的价值指向保持一致。在巩固和提升农村集体产权制度改革成果的过程中，可以通过与发展新型农村集体经济相结合，与完善农村集体资产监督管理相结合，与调动集体组织成员的积极性相结合。

关键词：改革开放；农村集体产权制度改革；逻辑演进；价值指向

改革开放以来，我国废除了人民公社制度，实行家庭联产承包责任制。家庭联产承包责任制的确立与运行，充分发挥了家庭经营的优势，为农村经济发展奠定了坚实的制度基础。而在不断强化家庭经营的同时，如何充分发挥集体优势成了一个新的问题。特别是随着农村经济结构、社会结构的深刻变化，农村集体资产的规模不断增长，农村集体资产产权归属不清、权责不明、保护不严等问题突出，侵蚀了农村集体所有制的基础，影响了农村社会的稳定，改革农村集体产权制度势在必行。为此，中央政府连续地出台了一系列政策措施来深入推动农村集体产权制度改革。

早在二十世纪八九十年代，中国一些相对发达的地区，如广东、上海等省市通过创新制度模式，率先进行了农村集体产权制度改革的探索。党的十八大以来，伴随着2016年《中共中央 国务院关于稳步推进农村集体产权制度改革的意见》（以下简称《意见》）的出台，进一步强调了农村集体产权制度改革的重要性。《意见》明确了推进农村集体产权制度改革的指导思想、基本原则和改革目标，提出了一系列的改革措施和路径，其中包括全面加强农村集体资产管理、由点及面开展集体经营性资产产权制度改革等方面的内容。"十四五"规划和2035年远景目标纲要明确提出，深化农村集体产权制度改革，完善产权权能，将经营性资产量化到集体经济组织成员，发展壮大新型农村集体经济。农村集体产权制度改革旨在解决目前农村集体经济发展中存在的障碍和问题，为农民的合法产权提供了更多的保护和发展空间，为促进新型农村集体经济的发展提供了政策导向。总之，推进农村集体产权制度改革，不仅有利于保障农民的合法权益，增强农村集体经济发展活力，更有利于实现农民共同富裕和推动农业农村的现代化发展。

一、改革开放以来农村集体产权制度改革逻辑演进

改革开放四十多年来，随着中国农村改革的持续深入和农村集体经济的长足发展，农村集体资产总量不断增加，为实现乡村振兴提供了重要的物质基础。中央政府始终遵循着生产关系要适应生产力发展的客观规律，健全归属清晰、权责明确、保护严格、流转顺畅的现代产权制度。农村集体产权制度的确立和完善，明确了农村集体资产的归属和管理方式，划分了农村集体财产权的权益和责任。这一制度安排涉及了农村集体资产的使用、处置、收益和分配等方面的规定。农村集体产权制度作为农村集体所有制经济的核心，保证了农民的切身利益，促进了农民集体经济组织的发展。从逻辑演进来看，经历了起步、探索、发展、深化四个阶段。

（一）农村集体产权制度改革起步阶段：1978—1999年

20世纪80年代，家庭联产承包经营制度的实施，是对过去人民公社时期集体产权制度的一次重要改革。在"统分结合"的双层经营体制下，"统"的方面保证了社会主义公有制的基本性质，土地归农民集体所有，农村集体经济组织整合利用集体资源资产从事经营活动，并将产生的经济收益分配给集体成员或提供统一公共产品和经营服务；"分"的方面激发了农户个体经营的活力，通过建立土地承包关系，农户被赋予了相对独立、长期稳定的承包经营权利，这为他们提供了发展个体经营、增加收入的机会。农户在经营过程中能够自主决策，根据市场需求进行农产品生产和经营管理，更好地发挥农户的主体作用。因此，在家庭联产承包责任制的制度范围内，农地集体所有权和农户承包经营权逐渐分离，这种分离使农地产权呈现了"共有私用"的特征。农地所有权和承包经营权的"两权分离"，是家庭联产承包责任制的产权基础，作为农地产权方式的创新，不仅提高了农村资源利用效率，而且推动了资源从农村向城市的再配置，构成改革开放近40年来农业和整个国民经济高速增长的制度基础。包产到户是家庭联产承包责任制实施的核心要素，并在我国农村的推行取得了巨大的成功。到1983年末，全国已有1.75亿农户实现了包产到户，包产到户在所有责任制中的比重达到94.5%。此后，1999年通过的中华人民共和国宪法修正案第八条明确规定，农村集体经济组织实行家庭承包经营为基础、统分结合的双层经营体制。至此，我国农村基本经营制度的法律地位被正式确立，从而确立了农地所有权和承包经营权"两权分离"的法律地位。

农村集体产权制度改革不仅涉及经济层面上的改革，更是治理层面上的改革。这一阶段，国家改革政社合一的人民公社体制，建立乡镇政府和农村集体经济组织，实现了政社分开。1982年宪法中作了明确规定："集体经济组织在接受国家计划指导和遵守有关法律的前提下，有独立进行经济活动的自主权"。政社分开以后，农村集体经济从过去的人民公社统一经营型组织形式逐渐转变为农村集体经济组织统一经营型组织形式,并获得更多的自主权。随后,20世纪80年代末至90年代中期,村集体资产产权改革开始在我国试点萌芽,该时期村集体资产以乡镇企业、物业经济、征地拆迁补偿款等多种形式存在,使农村集体资产获得多种形式开发,使农村集体经济得到迅速发展。但是,20世纪90年代末,乡镇企业发展开始变缓,就业吸引力下降。政府部门把乡镇企业效益下滑的因素归结为单一的集体所有制造成的经营管理者积极性不高,因此推动了自上而下的带有强制性的乡镇企业集体产权制度改革。通过引入私人产权,乡镇企业采取了股份制、承包、租赁、转让、拍卖等的改制形式,逐渐实现了产权的多元化转型,最终多数企业都由乡镇企业转为民营企业或股份制企业。但是,乡镇企业产权改革造成了大量集体资产流失。为此,1998年3月31日,全国统一部署了改革开放以来的第一次农村集体资产清产核资工作,其目的是摸清农村集体资产存量、结构、分布与效益状况。

总的来看,这一阶段是中国农村集体产权制度改革的起步阶段。中央政府允许一些地方进行试点,家庭联产承包责任制的改革实现了农村土地的合理利用和农民承包经营权的保障,农村集体经济组织的设立为农村集体经济提供了互助合作和发展的平台,乡镇企业的股份制改革为农村经济的市场化注入了新的活力。但伴随着家庭联产承包责任制的推广,提供农业生产性服务所依托的集体资产多数转移到农户手中,这使得农村集体经济组织所提供的农业生产性服务的能力减弱。同时,受工业化和城镇化迅速发展的冲击,这一阶段我国农村集体资产流失较为严重,这些都为后续农村集体资产的产权制度改革政策制定积累了宝贵的经验和教训。

(二)农村集体产权制度改革探索阶段:2000—2011年

进入21世纪以来,随着我国农村经济社会快速发展,土地等集体资产的开发利用,集体资产规模逐步扩大。2007年,党的十七大对农村集体产权制度改革高度重视,提出了推进集体企业改革,发展多种形式的集体经济、合作经济的制度创新要求，进一步提出："探索集体经济有效实现形式，创造条件让更多的群众拥有财产性收入"。同年10月份，农业农村部发布了《关于稳步推进农村集体经济组织产权制度改革试点的指导意见》，强调推进股份合作是农村集体经济组织产权制度改革的主要形式，《指导意见》还强调了农村集体经济组织产权制度改革的主要内容，包括清产核资、资产量化、股权设置等。2010年，中央一号文件首次提出"鼓励有条件的地方开展农村集体产权制度改革试点"的政策，这一举措为后续的农村集体产权制度改革奠定了基础。

在这一阶段，为了稳定和完善农村的基本经营制度，确保农民土地承包者的合法权益得到长期的保障，进一步实现农村社会经济发展和稳定和谐，国家开始试点农村集体土地承包经营权流转制度改革。从2002年开始，农村土地承包经营权改革逐步推行，农户可以自主决定经营方式和农产品种类。同时，2005年通过了《中共中央 国务院关于推进社会主义新农村建设的若干意见》，提出了一系列措施来促进农村土地承包经营权流转和适度规模经营的发展。为了进一步维护社会主义市场经济秩序，明确集体使用土地的占有、使用和收益的权利，2007年所颁布的《中华人民共和国物权法》[①]把土地承包经营权界定为用益物权，从法律上确认了对土地承包经营权的物权保护。总体而言，在推进农村土地流转规范化的过程中，通过将农民手中的土地流转、集中起来，形成农业生产的规模化经营效应，有利于提高农业生产效率和质量，减少资源浪费和成本，从而增加农民收入。除此之外，2008年《中共中央关于推进农村改革发展若干重大问题的决定》首次提出"赋予农民更加充分而有保障的土地承包经营权，现有土地承包关系要保持稳定并长久不变"。2010年中央一号文件明确指出，在三年时间内，将农村集体土地所有权确认到每一个具有所有权的农村集体经济组织。国家通过开展农村集体土地登记确权发证工作，有利于夯实农业农村发展基础，促进城乡统筹发

---

① 现已并入《中华人民共和国民法典》。

展和农村社会和谐稳定发展。

农村宅基地同样也是农村集体经济组织所有的土地资源,是农村集体资产的重要组成部分。农民作为宅基地的使用权人,可以在宅基地上建房、居住,并享有特定的土地使用权。对农民来说,农村宅基地具有双重属性,既是生产资料,又是生活资料,还具有特殊的社会保障功能。在这一时期,我国致力于探索农村宅基地产权制度改革,规范宅基地产权管理制度,实现宅基地产权的有效利用,这不仅有助于更好地保障农民的土地权益,而且有助于提升农村宅基地的利用效益。2003年,实施农村宅基地制度改革,农村集体经济组织决定宅基地使用权的分配和流转,农户可以更加自由地使用宅基地,有利于农民增收和住房改善。2007年颁布的《中华人民共和国物权法》中明确规定了农村宅基地使用权的性质。根据该法,宅基地使用权被明确界定为一种用益物权,并具有财产属性。2010年,为进一步完善农村宅基地管理制度,《国土资源部关于进一步完善农村宅基地管理制度切实维护农民权益的通知》指出依法维护农村宅基地的取得权,保障农民依法取得宅基地的正当权益。

这一时期是农村集体产权制度改革的探索阶段,改革涉及农村集体资产资源的多方面,这一系列政策的出台,标志着农村土地、宅基地流转朝着更加规范化和标准化的方向发展,提供了更为明确的法律依据。此外,相关地方还依法制定了具体的土地和宅基地流转管理办法,为土地承包经营权和宅基地经营权的流转提供更为具体的规范和管理措施。毫无疑问,这为农民提供了更大的决策权和经济利益,激发了农村的发展活力,同时改革促进了农村经济的转型升级,推动了农村产业结构调整和农业现代化进程。

(三)农村集体产权制度改革发展阶段:2012—2016年

党的十八大以来,以习近平同志为核心的党中央基于"大国小农"的国情农情,为更好地管理农村各类集体资源和资产,国家出台了一系列事关农村集体产权改革的政策文件。2013年中央一号文件第一次将"改革农村集体产权制度，有效保障农民财产权利"作为大标题在第五部分做专题阐述，明确了必须健全农村集体经济组织的资产资源管理制度，依法保障农村集体经济组织成员的土地承包经营权、宅基地使用权、集体收益分配权。同年11月12日，第十八届中央委员会第三次全体会议通过了《中共中央关于全面深化改革若干重大问题的决定》，赋予农民更多的财产权利，积极提倡农民以多种形式参与集体资产股份合作。通过这一决定，激发了农民生产生活的积极性，增加农民收入，使得农村集体经济组织的管理更加灵活和高效。2014年中央一号文件明确提出了建立农村产权流转交易市场，加强农村集体资源、资产、资金管理，提高农村集体经济组织资产运营管理水平，发展壮大农村集体经济的目标。随后，2016年底，《中共中央 国务院关于稳步推进农村集体产权制度改革的意见》（以下简称《意见》）的发布是农村集体产权制度改革的重要里程碑。《意见》强调了由点及面开展集体经营性资产产权制度改革的重要性，并对改革试点工作的推进作出了全面系统的部署。经过这一阶段农村集体产权制度的改革与发展，我国逐步建立了更加健全和完善的农村集体产权制度体系。

综上来看，深化农村集体产权制度改革，重点仍在土地。土地作为农村集体资产中最重要的资产要素，事关农业生产的稳定和健康发展，对其进行制度改革影响重大、意义深远。为了推动农村土地流转，形成农业适度规模经营，国家在农村改革中提出了农村承包地实行"三权分置"的思想，这是继农村家庭联产承包责任制后的一项重大制度创新。最早在2014年印发的《关于引导农村土地经营权有序流转发展农业适度规模经营的意见》中，首次提出了"三权分置"的思想。在2016年10月，《关于完善农村土地所有权承包权经营权分置制度的意见》明确规定了农村土地承包经营权的划分，并实行了承包权、经营权和所有权分置并行的制度安排。农村承包地"三权分置"理论通过落实集体所有权、稳定农户承包权、放活土地经营权，解决了在土地集体所有的基础上推动规模经营，在农户承包关系稳定不变的前提下实现土地流转的难题。农村土地"三权分置"政策的首要任务是保障集体土地所有权和农户土地承包权的合法性和稳定性。同时，该政策还要求平等保护土地经营主体的合法经营权，使得他们可以在"三权分置"框架下积极地开展农业现代化建设和经营管理，以提高农业生产效率和土地利用效益。深化农村土地制度改革，完善承包地"三权分置"制度，对于我国土地产权制度具有重要意义。

（四）农村集体产权制度改革深化阶段：2017年至今

农村集体产权制度改革事关亿万农民的切身利益，我国农村集体产权制度改革必须赓续发力、纵深推进。2017年，农业农村部和中央农办在全国划定100个县市区，大规模开展农村集体产权制度改革试点。截至2018年11月，试点范围已扩大到全国1000多个县市区，完成改革的农村集体经济组织超过13万个，涉及集体成员2亿多人，累计以股份形式向农民分红3251亿元。在此基础上，中央一号文件已连续6年明确要求，加快推进农村集体产权制度改革。这表明农村集体产权改革的工作得到了中央政府的高度重视，并将其作为农村经济发展的重要方面。截至2020年底，全国以村为单位完成集体产权制度改革的村达到53.1万个，占全国总村数的94.9%，较2019年提高了31.7个百分点，全国共清查核实了7.7万亿元的集体资产，确定了65.5亿亩的集体土地，并确认了约9亿集体成员。到2021年底，我国基本上完成了农村集体产权制度改革的阶段性任务，标志着农村集体经济发展进入了新的历史时期。随着农村集体产权制度改革的持续深化，农村集体经济发展的过程中还会遇到新机遇和新挑战。因而，在2022年和2023年的中央一号文件中，国家提出继续巩固提升农村集体产权制度改革成果，探索多样化途径发展新型农村集体经济的目标。这意味着我国将进一步加大对农村集体产权制度改革的支持力度，并巩固提升已经取得的改革成果。

随着经济社会条件的不断发展进步，城乡二元结构逐步向城乡一体化加快演进。国家继续完善农村集体产权制度改革，其中农村宅基地产权制度改革逐步深化。宅基地的功能正在从"居住保障导向中谋求财产功能"转化为

"财产功能导向中维护居住保障"。近年来，党中央、国务院已将推进改革完善农村宅基地产权制度作为改革中国农村土地产权制度的重要任务。2018—2023年连续六年的中央一号文件均对宅基地改革试点工作作出专门部署。2018年，中央一号文件首次提出探索实行农村宅基地"三权分置"思想，这意味着农村宅基地制度产权制度改革已经进入了政策创新和实践实施阶段。2020年，中央深改委通过了《深化农村宅基地制度改革试点方案》，并扩大了试点范围。在2015年首批33个试点县（市、区）的基础上，从2020年9月起，在全国范围内又选择104个县（市、区）和3个地级市开展新一轮农村宅基地制度改革试点。概言之，根据现行农村宅基地制度，每家农户可以依法取得一定面积的宅基地使用权，宅基地的使用权是农户的私有权益，宅基地的流转和合理利用，可以促进农村土地流转市场的发展，提升宅基地资源的利用效率。

在这一阶段，我国农村集体产权制度改革进一步深化，并与农村集体资产清资核产、宅基地"三权分置"改革探索、农民权益保护等方面的改革相结合。综上所述，我国农村集体产权制度改革经历了一个长期且复杂的过程。但是，农村集体产权制度改革经历各个时期的阶段性探索，已经取得了十分明显的成效。在未来发展的过程中，我国仍需进一步深化改革，巩固农村集体产权制度改革的成果，解决改革过程中遇到的新问题和挑战，确保改革能够达到预期目标，为实现乡村振兴战略奠定坚实的制度基础。

二、农村集体产权制度改革的主要成效

农村集体产权制度改革是中国特色的产权制度的重要组成部分。在中央层面，国家对农村集体产权制度改革高度重视，制定了一系列法律法规和政策文件，为改革提供了政策支持和制度保障。在地方层面，各省市也积极响应国家的农村集体产权改革政策，结合本地实际情况，制定了一系列配套措施和政策，推动改革的落地和实施。目前，我国基本上完成了农村集体产权

的改革任务，通过清产核资、成员界定、保护严格以及流转顺畅等举措，农村集体资产被充分盘活。自实行农村集体产权制度改革后，全国农村集体经济组织分红总额达到4085亿元，其中本集体经济组织成员分红3353亿元，占82.1%；集体分红614亿元，占15%；组织外人员投入资本分红不足3%。这充分说明，农村集体产权制度改革的效能不断提升，让更多农民分享到了改革发展的红利。总的来说，在农村集体产权制度改革的进程中，我国取得了集体资产归属清晰化，摸清农村集体资产家底；成员身份界定明晰化，增强集体组织成员归属感；内部权能赋予完整化，保障农民合法权益；集体资产流转交易顺畅化，推动城乡市场要素流动四方面的成效。

（一）集体资产归属清晰化，摸清农村集体资产家底

农村地区拥有丰富的资产资源，通过全面了解和统计农村地区的集体资产状况，可以更好地把握农村集体资产的总量、质量和分布情况，有助于制定相关政策和改革措施，提高农村集体经济的管理水平和效益。从2017年开始，中国共产党中央农村工作领导小组办公室、中华人民共和国农业农村部组织开展了全国农村集体资产清产核资工作。历时3年，于2019年底基本完成全国清产核资工作。据农业农村部统计，到2021年全国已建立乡、村、组三级集体经济组织近90万个，清查核实集体账面资产7.7万亿元（不包括土地等资源性资产），其中经营性资产3.5万亿元。清产核资后集体资产总额增加0.8万亿元，增幅14.2%，其中，固定资产增加近7500亿元。在此基础上，我国将在五年左右的时间内，把农村集体经营性资产以股份或份额的形式，量化给集体经济组织成员。这一措施旨在通过量化集体经营性资产的方式，明确集体经济组织成员在集体经济组织中的权益和份额，并通过确权登记等措施，为集体经济组织成员提供股权或份额证明，使其对集体资产享有明确的产权和收益权，进一步保护农村集体经济组织成员的权益。国家通过开展集体资产的清资核产工作，基本上摸清了农村地区集体资产家底，盘活了农村闲置的资产，为农村集体经济组织提供了更多的发展空间和利用机会。

（二）成员身份界定明晰化，增强集体组织成员归属感

在城乡人员流动日益频繁的当下，现有农村集体经济组织成员与村庄的村民不再具有一致性。因此，农村集体经济组织成员资格界定是农村集体资产产权明晰的基础和关键。集体经济组织成员的身份认定涉及其是否具有对集体资产的所有权和处置分配权，事关其发展的切身利益。确认谁是成员是农村集体产权制度改革的关键，回答了农村集体经济"为谁发展"的核心问题。在农村集体产权制度改革中，为了保证公平和公正，我国确立了集体成员身份认定的原则性标准和规范性程序，确保了特殊群体的集体成员身份不被忽略和遗漏。这不仅可以解决个别集体组织成员"两头占""两头空"的问题，还可以确保每个集体组织成员都能够充分享受到集体权益和收益，增强农村集体经济组织成员的归属感和获得感。截至2021年底，全国确认村级农村集体经济组织成员9.2亿人。通过严格的身份确认，可以确保只有真正符合条件的农民成为集体经济组织的成员，并享有相应的权益和福利。这有助于防止非法侵占和滥用集体资产的情况发生，保护农民的权益，确保资源的合理利用和公平分配。这为农村集体经济的推进和农民群众的利益保障奠定了基础，有效解决了在发展过程中可能出现的不公平和不稳定因素，巩固党在农村的执政基础。

（三）内部权能赋予完整化，保障农民合法权益

随着农村各类产权划分的日益明晰和集体资产规模的逐渐扩大，农村集体经济组织成员越来越关注其在集体经济组织内的财产权利。产权权能是否完整直接决定财产权利能否顺利实现。自2014年开始，我国正式启动了农民对集体资产股份权能的改革试点。试点地区通过建立成员股权台账、颁发集体资产股权证书等方式，明确了农民占有、收益集体资产股份的权益，通过实行按股分红等措施，落实了集体组织成员的收益权。部分试点县市区还开展了有偿退出权和继承权的试点，严格限制退出条件并作出具体规定。从试

点看，农村集体资产股份权改革给集体和农民带来了切实的好处，为农村集体经济发展创造了新的运行机制，既体现了集体的优越性，又调动了个人的积极性。总而言之，这项政策措施允许农民持有和流转集体经济的股份权，使农民既能享受到集体经济的红利，又可以通过流转、抵押等方式实现资本流动和增值，充分保障了农民的合法财产权益。

（四）集体资产流转交易顺畅化，推动城乡市场要素流动

农村产权流转顺畅对农民财产权益的实现起着至关重要的作用，建立农村产权交易市场是确保农村产权流转顺畅的关键任务。农村产权流转交易市场发挥着连接小农户和大市场之间的桥梁和纽带的作用。为此，国家出台多项关于规范农村集体产权流转的政策文件，为农村产权流转交易市场的交易顺畅保驾护航；各地更是因地制宜地成立省域甚至县域一级的农村产权流转交易市场。各级农村产权流转交易市场为参与交易的主体搭建了农村产权流转交易平台，保证了产权交易的公平、公正、透明，进一步提高农村集体资产资源的配置效率和交易效率，更有利于推动农村经济的发展和农民收入的增加。例如，天津市农村产权流转交易市场2022年累计完成进场交易5652笔，成交金额71.98亿元，成交土地46.46万亩，带动农民增收3.41亿元。2023年上半年，江苏省各级农村产权交易市场交易项目数量达到12.5万笔，交易金额达到135.1亿元，相比去年同期，交易项目数量增长了49.4%，交易金额增长了19.5%。此外，顺畅的资产流转可以促进城乡市场要素的流动，促进农村产业结构的优化和农村现代化的推进。

当然，我国自实行农村集体产权制度改革以来，取得了一系列丰富的成效，但我们也要清醒地意识到，农村集体产权制度改革仍面临诸多问题和困难，亟待进一步加强。首先，各地改革不平衡不充分问题突出。改革的广度和深度也存在一些局限。一些地方的改革措施相对较为简单和表面化，未能深入研究和解决实际问题，改革的有效性和可持续性有待进一步加强。其次，随着农村集体经济的发展壮大，各地农村集体资产的体量变大，部分地

区存在集体资产管理和经营不善,致使集体资产难以发挥其最大的价值,造成集体资产浪费甚至流失;还有个别村干部党性觉悟差,萌生贪念,存在贪污腐败行为等。最后,集体成员资格的历史延续性和确定特殊人群标准的不确定性造成了治理上的问题,导致部分集体成员参与产权改革的意愿不高,态度不积极。

三、农村集体产权制度改革的价值指向

目前,农村集体产权制度改革已取得阶段性的进展,全国农村集体家底基本摸清,集体经济组织成员基本确认,集体经济组织框架和管理模式基本成型。准确把握农村改革方向,在农业内生发展动力机制方面,农村集体产权制度改革肩负重要使命,要将改革引向深入。这意味着要进一步拓宽农村集体经济发展的路径,不仅依赖于土地承包经营和宅基地"三权分置",还要积极发展其他业态和经营模式,以提升农民收入和农村发展的活力。这也为下一步全国层面纵深推进农村集体产权制度改革提供了价值指向。因此,要将农村集体产权制度改革与发展新型农村集体经济相结合,与完善农村集体资产监督管理相结合,与调动集体组织成员的积极性相结合。

(一)将改革与发展新型农村集体经济相结合

当前,农村集体产权制度阶段性任务的完成不是终点,而是意味着新的起点。在中国特色社会主义新时代的背景下,巩固提升农村集体产权制度改革成果,需要进一步与发展壮大新型农村集体经济相结合。首先,在未来的新型农村集体经济发展中,家庭农场、农民专业合作组织等多样化的农业生产经营主体,可以提供农业技术咨询、生产资料供应、产品销售等服务,带动小农户合作经营、共同增收。其次,新型农村集体经济的发展必须建立在科技进步基础上,农业生产的全产业链要逐步应用高科技手段和技术,贯彻先进的经营理念与服务,不断拓宽农村集体经济的增值空间和发展机会,从

而进一步提高农业发展的竞争力。最后，坚持因地制宜，探索多样化途径发展新型农村集体经济。各地需要根据自身实际进行改革，盘活农村集体资产，通过市场化的方式，探索产业发展型、资产经营型、资源开发型、服务创收型、异地置业型等集体经济发展模式，壮大农村集体经济，更好地助力乡村振兴。

（二）将改革与完善农村集体资产监督管理相结合

农村集体资产监管是农村集体产权制度改革的关键环节。一些村干部的不当行为导致了集体资产的流失，加剧了干群矛盾，成为农民信访的一大热点问题。因此，必须将产权改革与完善农村集体资产监督管理相结合，提升农村集体资产的管理水平。第一，完善监督流程，规范农村集体资产处置的程序和环节。通过明确农村集体资产管理制度和标准，通过村"两委"会讨论决定适宜本村的处置方案，提高民主化管理水平，定期对农村集体资产进行评估和审计，确保管理工作的规范性和透明度。第二，利用数字化技术，建立农村集体资产信息化监督管理平台。要运用数字化技术构建一套完整的农村集体资产智慧监管系统，实现农村集体"三资"的信息化、公开化、规范化监管，助推农村集体资产保值增值。第三，加强内外联动，形成集体资产内外部监管的完整体系。推进集体资产内部监管和外部监管联动，形成监督合力。在内部监管方面，要充分发挥集体经济组织监事会和股东代表的日常监督作用，作为集体资产实际所有权主体的集体经济组织成员更要发挥"主人翁"意识，自觉参与到本村集体资产的日常管理中，确保集体经济组织规范有序运行。在外部监管方面，加强巡察组、纪委监委等部门的监管职责。让农村集体资产在阳光下运行，防止集体资产流失。

（三）将改革与调动集体组织成员的积极性相结合

农村集体经济组织成员是农村生产生活的主体，只有充分调动集体经济组织成员的积极性，才能保障产权改革的顺利进行和可持续发展。制度的效能并不完全取决于制度设计的合理性，也受农民个体的制度履行能力的较大影响。因此，在纵深推进农村集体产权制度改革的过程中，要尊重历史，结合现实，更要相信农民群众的选择与创造。一方面，农民作为农村集体资产的所有者之一，同样也是产权制度改革的主体。在推进农村集体产权制度改革的过程中，要充分尊重农民的意愿，把"还权于民"作为改革的出发点和落脚点，要充分支持农民创新、创造，把选择权交给农民，相信农民，依靠农民，充分发挥农民主体作用，让农民有更多获得感和成就感。另一方面，保障农民的知情权、表达权和监督权也是非常关键的。农民需要获得充分的信息，了解自己的权益和权利，能够自由表达自己的意见和诉求，并且能够对决策和改革过程进行监督和评价。让农民成为本村决策、规划、经济活动等方面的参与者和受益者。

参考文献

[1] 2022 中国农业农村发展趋势报告——保障农业农村优先发展 [N/OL]. 经济日报，2022-01-21.http://www.moa.gov.cn/ztzl/ymksn/jjrbbd/202201/t20220121_6387414.htm.

[2] 陈健. 中国农村产权制度改革历程与新时代实践 [J]. 经济体制改革，2019(6): 75-80.

[3] 陈锡文. 充分发挥农村集体经济组织在共同富裕中的作用 [J]. 农业经济问题，2022(5): 4-9.

[4] 方志权. 关于农村集体产权制度改革若干问题的思考 [J]. 毛泽东邓小平理论研究，2014(11): 6-12+91.

[5] 高鸣，芦千文. 中国农村集体经济：70 年发展历程与启示 [J]. 中国农村经济，2019(10): 19-39.

[6] 高云才. 农村集体产权制度改革试点扩大 [N]. 人民日报，2018-06-20.

[7] 何安华. 将集体资源转化为农民增收重要来源 [N]. 经济日报，2023-03-09.

[8] 胡新艳，许金海，陈卓. 中国农村宅基地制度改革的演进逻辑与未来走向 [J]. 华中农业大学学报(社会科学版)，2021(1): 26-32+174.

[9] 黄延信, 余葵, 师高康等. 对农村集体产权制度改革若干问题的思考 [J]. 农业经济问题, 2014, 35(4): 8-14.

[10] 黄延信. 深化农村集体产权制度改革的几个问题 [J]. 农业经济与管理, 2013(5): 5-8.

[11] 孔浩. 农村集体产权制度改革中的治理逻辑——以渝、鄂、粤三地试验区为研究对象 [J]. 财经问题研究, 2020(3): 122-129.

[12] 李天姿. 中国农村耕地三权分置理论 [J]. 上海经济研究, 2023(7): 16-25.

[13] 马池春, 马华. 农村集体产权制度改革的双重维度及其调适策略 [J]. 中国农村观察, 2018(1): 2-13.

[14] 马翠萍, 邵亮亮. 农村集体经济组织成员资格认定的理论与实践——以全国首批29个农村集体资产股份权能改革试点为例 [J]. 中国农村观察, 2019(3): 25-38.

[15] 马晓河, 刘振中, 钟钰. 农村改革40年：影响中国经济社会发展的五大事件 [J]. 中国人民大学学报, 2018, 32(3): 2-15.

[16] 民生智库乡村振兴发展研究中心. 百年民生路系列研究——中国农业农村百年发展历程回顾 (1978—2012)[R]. 北京：民生智库, 2021.

[17] 闵师, 王晓兵, 项诚等. 农村集体资产产权制度改革：进程、模式与挑战 [J]. 农业经济问题, 2019, 473(05): 19-29.

[18] 农业农村部农村合作经济指导司. 对十三届全国人大四次会议第2409号建议的答复 [J/OL]. [2021-07-09] www.moa.gov.cn.

[19] 农业部关于农村集体资产股份权能改革试点情况的通报 [J/OL]. [2017-01-20] www.moa.gov.cn.

[20] 农业农村部政策与改革司. 2020年中国农村政策与改革统计年报 [M]. 北京：中国农业出版社, 2021.

[21] 农业农村部政策与改革司编. 中国农村政策与改革统计年报 (2020年)[M]. 北京：中国农业出版社, 2021.

[22] 任育锋, 李哲敏, 芦千文. 农村宅基地制度：变迁历程、演变逻辑与改革路径 [J]. 当代经济管理, 2022, 44(4): 34-41.

[23] 宋洪远, 高强. 农村集体产权制度改革轨迹及其困境摆脱 [J]. 改革, 2015(2): 108-114.

[24] 仝志辉, 韦潇竹. 通过集体产权制度改革理解乡村治理：文献评述与研究建议 [J]. 四川大学学报 (哲学社会科学版), 2019(1): 148-158.

[25] 王宇. 明晰农村集体资产产权维护农民合法权益——访农业部副部长陈晓华 [N]. 新华社, 2014-10-18.

[26] 吴琼. 江苏省上半年农村产权交易额超百亿元 [N]. 新华日报, 2023-07-19.

[27] 叶兴庆. 新常态下应继续释放城乡间资源再配置效应 [J]. 经济社会体制比较, 2017(1): 62-70.

[28] 岳付玉. 天津农村产权交易市场全年带动农民增收 3.41 亿元 [N]. 天津日报, 2023-02-08.

[29] 扎实开展全国农村集体资产清产核资工作——农业农村部有关负责人答记者问 [J/OL]. [2020-07-10] www.moa.gov.cn.

[30] 张红宇. 深入推进农村集体产权制度改革 [J]. 农村工作通讯, 2020(4): 18-20.

[31] 张晓山. 我国农村集体所有制的理论探讨 [J]. 中南大学学报 (社会科学版), 2019, 25(1): 1-10.

[32] 张勇. 农村宅基地制度改革的内在逻辑、现实困境与路径选择——基于农民市民化与乡村振兴协同视角 [J]. 南京农业大学学报 (社会科学版), 2018, 18(6): 118-127+161.

[33] 郑忠良. 稳步推进和完善农村土地"三权分置"制度 [N]. 光明日报, 2018-11-13.

[34] 中华人民共和国宪法：最新修正版 [M]. 北京：法律出版社, 2018.

[35] 周向阳, 赵一夫. 农村集体产权制度改革进程中的治理矛盾及化解策略 [J]. 农村经济, 2020(8): 12-18.

家庭农场土地证券化融资问题研究

刘灵辉　罗　意

（电子科技大学公共管理学院）

摘　要：家庭农场发展壮大面临融资瓶颈制约，农村土地证券化是化解家庭农场融资难问题的一项制度创新，家庭农场可以通过土地实体资产证券化和土地抵押债权证券化两种模式，将经营期限内农地的相应权利"真实销售"给特定目的机构，在经过资产重组、风险隔离、信用增级与信用评级后，聘请证券承销机构向社会公开销售土地证券以融通资金。本文详细分析了家庭农场土地证券化融资中多元主体间农地产权的关系，在家庭农场土地证券化融资过程中，农地权利转移问题主要产生在发起人与特定目的机构之间，根据特定目的机构类型的差异，会产生土地收益权、土地抵押权转移，或者相互之间形成自益信托关系。

关键词：家庭农场；土地实体证券化；土地抵押证券化；融资；三权分置

一、研究背景

家庭农场通过土地流转获得规模化的集中成片且期限稳定的土地资源需要支付大量的用地成本，同时，土地平整、基础设施建设、农业机械设备购置、农资采购、日常管理运营、劳动力雇佣等亦需要投入数额不菲的固定资金

资助项目：2020年国家社科基金一般项目"土地承包关系'长久不变'背景下无地农民权益保障机制研究"（编号：20BGL228）；国家社会科学基金青年项目"农地权利市场化配置下家庭农场土地适度规模经营实现机制研究"（编号：14CGL026）。

和流动资金。故而，家庭农场的培育和发展离不开强大的财力支撑，在自有资金有限的情况下，家庭农场遇到资金瓶颈时向金融机构贷款就成为一个重要的选择。然而，由于农业特殊的产业特性以及农村金融体系的不健全，融资难成为制约家庭农场可持续发展的重要瓶颈和障碍。为破解家庭农场的资金瓶颈障碍，农村土地可沿着"土地资产化—资产资本化—资本证券化—证券市场化"的道路，利用资产证券化的优势开辟一条引导农村土地走出融资困境的新路。与之同时，农村土地证券化得到国家政策的回应与支持。2014年2月13日，《中国人民银行关于做好家庭农场等新型农业经营主体金融服务的指导意见》指出"鼓励支持金融机构选择涉农贷款开展信贷资产证券化试点，盘活存量资金，支持家庭农场等新型农业经营主体发展"。2014年4月22日，国务院办公厅《关于金融服务"三农"发展的若干意见》中也提出"开展涉农资产证券化试点"。党的二十大报告指出"发展新型农业经营主体和社会化服务，发展农业适度规模经营"，而依托家庭农场等新型农业经营主体实现农业规模化、产业化，需要大量资金，在传统的融资方式存在诸多局限的情况下，农村土地证券化可以作为解决家庭农场土地规模经营、农业产业化经营中出现的融资难问题的一种尝试。同时，众多学者都提出创新家庭农场等新型农业经营主体的融资模式，支持开展土地证券化。马义华（2012）指出，证券化是农村土地制度改革的一个现实选择。朱玉林等和罗琼芳等学者运用经济模型及经济数学方法，从投资者的视角出发，论证了农村土地证券化经济的可行性。翟帅和张腾豪利用TAM模型，从农户参与的"易知性""易用性"和"易利性"三个维度，分析了农户参与农地流转证券化的动因，并提出了创新农地流转证券化机制的建议和对策。李航等（2022）指出，海南省引入农村土地资产证券化模式是"三权分置"改革的生动实践，陈培磊和郭沛（2020）指出，一些国家依据本国国情，为家庭农场开发出多种金融产品。例如，土地证券化系列产品在德国、美国和日本的农村金融市场中均有成功的实践。公茂刚和巩子晗（2022）指出，鼓励有融资需求的农业经营主体利用流转土地的经营权进行融资，并积极推动土地证券化等农地金融形式的开展。综上，虽然一些学者已经注意到了土地证券化对土地规模化经营的重要性，并提出了家庭农场可以依托土地证券化解决融资难问题，但是现有研究缺乏针对家庭农场土地证券化融资的系统性分析研究，本文在探讨了家庭农场土地证券化的可行性、模式的基础上，深入分析了土地证券化过程中多元权利主体之间的农地权利关系，并前瞻性地指出了家庭农场土地证券化融资可能遇到的问题，具有重要的理论价值和现实意义。

二、家庭农场土地证券化融资的可行性

资产证券化（Asset securitization）这一概念最先起源于20世纪70年代美国的住房抵押贷款证券化，作为一项新型金融工具，资产证券化不仅在成熟的市场经济国家，而且在许多新兴市场经济国家，都得到了大力推行。资产证券化的本质是达到融资的目的，把不能流动或者流动性差但是在未来能够产生可预期的、稳定的现金流的资产进行重组和信用增级，然后，以这类资产的未来现金流收益为基础，发行在金融市场上流通和交易证券的过程。从本质上来讲，是被证券化资产未来现金流的分割和重组过程。一项资产如果具有价值稳定、经济增长潜力良好、产权关系明晰的性质，就可以对其进行证券化。一般而言，资产证券化的基础资产主要有三种类型：金融债权、不动产物权、知识产权。其中，不动产证券化是指将流动性较低的、非证券形态的不动产投资转化为资本市场上的证券资产的金融交易过程，从而使投资人与不动产投资标的物之间的物权关系转化为以有价证券为表现形式的股权和债权。土地具有流动性差、价值量高等特点，是一种非常适合证券化的资产。土地证券化属于资产证券化、不动产证券化的一个下位概念。由于中国土地按照所有权归属的不同，分为城市土地和农村土地，相应地，土地证券化也分为城市土地证券化和农村土地证券化两种。农村土地证券化，即在农村土地集体所有的前提下，将土地增值收益或者土地未来一定预期收益转变成资本市场上可销售和可流通的金融产品的过程，通过市场进行农地融资。因此，家庭农场依托土地流转集中起来

的成片土地是具备土地证券化条件的,具体原因如下。

首先,家庭农场集中起来的成片规模化土地在产权关系上是明晰的,且在权利性质上属于物权。完整、清晰产权归属是农村土地证券化必备的前提条件之一。虽然家庭农场拥有的成片规模化土地在内部权利构成上有多样化的特征,但是,家庭农场对凭借成员权承包而来的自有土地以及对通过市场交易流转而来的土地所享有的权利内容是清晰的,在集体经济组织(代行土地所有权)、家庭农场主(土地需求方)、农民(土地供给方)之间不存在产权边界不清、权能归属模糊等问题。同时,资本化的前提是这些证券化的对象必须是所有者的财产或者经营者的法人财产,家庭农场对自有土地享有物权性质的土地承包经营权,是其一项重要的财产,同时,《民法典》和《农村土地承包法》设置的土地经营权均为用益物权,故而,家庭农场对流转进来的土地经营权享有的也是物权而非债权。

其次,家庭农场经营的规模化土地具有价值稳定的特性。土地本身具有位置不可移动性、自然供给的完全无弹性等特征,同时,随着社会经济发展,对大量农地的非农化占用使得农村土地显得愈发稀缺。因此,农村土地和城市土地一样都具有保值增值、抵御通货膨胀的功能,是资产避险的优质工具,这可以从农村土地征地补偿标准的逐步提高中得到侧面印证,随着《土地管理法》的修订,未来征地补偿将依据省、自治区、直辖市公布的区片综合地价确定,不仅将综合考虑土地的原用途、土地资源条件、土地产值、土地区位、土地供求关系、人口及经济社会发展水平等因素,而且除土地补偿费、安置补助费与地上附着物和青苗补偿外,还将住宅补偿费用、社会保障费用等费用纳入法定补偿范围,这无疑将大大提高征地补偿标准,促进农用地的保值增值。

最后,家庭农场具有良好的经济效益且投资收益率完全能满足投资者的需求。农民通过农地上生产农产品的销售可以获得可预测的、可持续的、可观的现金流收益,同时,与传统小农的分散经营相对比,家庭农场具有机械化、集约化、规模化的特点,可以获得更高的农业劳动生产率、土地产出率和农产品商品率,给经营家庭农场带来更丰厚的经济效益和收入。具体而言,家庭农场较传统小农能够获得两层的增值收益：①土地规模化经营可以避免传统小农的低效率、不经济，进而获得的增值利润，②在规模化的成片土地上，通过适当调整农业生产结构，采取种养结合、经济作物取代传统粮食作物种植所带来的增值收益。同时，农村土地证券通过信用升级环节，其风险可与国债媲美，而收益率则相对较高，是一种风险较低而收益率较高的投资工具。

三、家庭农场土地证券化融资的模式

资产证券化运行的基本原理有三个：资产重组、风险隔离和信用增级，其中，资产重组和风险隔离必须通过一个特定目的机构（Special Purpose Vehicle，简称SPV）来展开。因此，SPV是整个资产证券化流程中的核心环节和灵魂所在，直接关系到资产证券化的成败。按照资产是否抵押，资产证券化可以分为资产支撑证券化（Asset-Backed Securities）和抵押支撑证券化（Mortgage-Backed Securities），与之相对应，家庭农场的土地证券化可以分为土地实体资产证券化和土地抵押债权证券化，前一种的证券发起人是家庭农场；后一种的证券发起人是金融机构。

（一）土地实体资产证券化

土地实体资产证券化是指家庭农场为了获得土地规模化经营所需的发展资金，将拥有的物权性质的土地承包经营权以"真实销售"的方式转让给特定目的机构，SPV运用一定的金融工具和手段对土地资产中风险与收益进行分割重组从而形成一个"资产池"，并以此为担保设计土地证券产品，在对证券进行信用增级与信用评级后，聘请证券承销机构向社会公开销售土地证券以融通资金，其运作过程一般是：①家庭农场将一定数量农地权利转移给SPV，并获得一定数额的农业生产发展资金。②SPV将这些农地权利资产进行分类汇集并重组形成"资产池"，并以此为基础资产来设计土地证券。③SPV通过内部增级和外部增级的方式提高资产的信用级别，并以此为担保来发行土地证券。④证券承销机构通过包销或分销的方式销售SPV设计的土地证券化产品，负责将证券产品出售给社会投资者。⑤由于证券的现金流由"资产池"来支持，分散的投资者不可能去监视"资产池"的运营状况和收取本金和利息，这就需要专业的机构来管理。因此，需要组建一个专门的资金管理机构，全程负责管理土地证券化资产所产生的现金流，包括社会投资者购买证券募集资金的汇集与保管、信用增级服务机构和信用评级服务机构佣金的支付、证券销售机构按合同应得收益的支付、支付所有成本后剩余收益向SPV的移交。

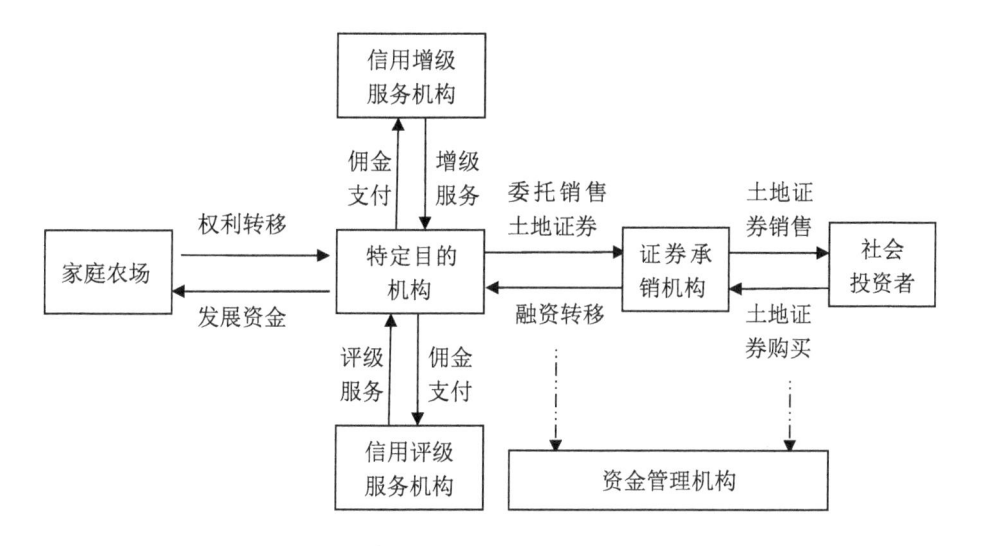

图1 家庭农场土地实体资产证券化示意图

（二）土地抵押债权证券化

土地抵押债权证券化是指家庭农场为了获得土地规模经营所需的发展资金，以拥有用益物权的农地权利作为抵押物向金融机构贷款，在抵押贷款的债权与债务关系产生之后，金融机构出于风险转移等因素考量，再将土地抵押贷款让渡给SPV，SPV运用一定的金融工具和手段对这些贷款的风险与收益进行分割重组，从而形成一个"资产池"，并以此为担保，设计土地证券产品，在对证券进行信用增级与信用评级后，聘请证券承销机构向社会公开销售土地证券以融通资金，其运作过程一般是：①家庭农场以物权性质的农地权利为抵押，向金融机构申请贷款，家庭农场获得用于农业发展生产的资金，金融机构成为债权人并获得对一定数量农地权利的抵押权。②土地承包经营权抵押贷款是借款人与银行等金融机构签订的标准化的贷款合同和抵押合同，合同中就借款人在整个偿还期内还本付息做了明确约定，以此为基础可预测农地抵押贷款未来可产生稳定的现金流入。金融机构将这些抵押贷款汇总打包出售给SPV，同时，金融机构也要注意对信贷用途的追踪、动态管理，以防范风险。③SPV将贷款进行组合，形成"资产池"，并以此为基础来设计土地证券。④SPV通过内部增级和外部增级来提高贷款组合的信用级别，并以此为担保来发行土地证券。⑤证券承销机构以包销或分销的方式承担SPV设计的土地证券产品的销售，负责将土地证券出售给社会投资者。⑥组建一个专门的资金管理机构，全程负责管理土地证券化资产所产生的现金流，同时，在家庭农场土地抵押债权证券化的过程中，资金管理机构还承担向大众提供抵押资产目前品质状况及相关报告、资讯等义务。

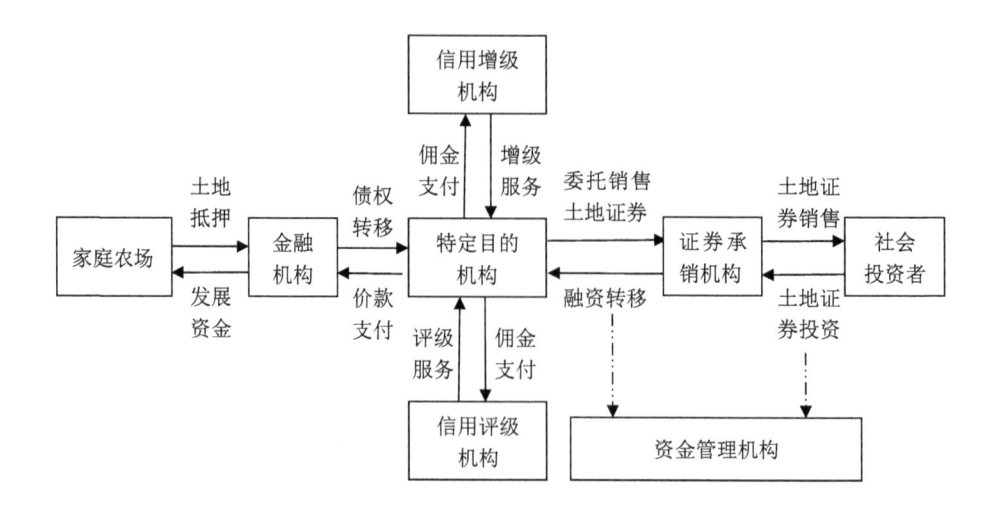

图2 家庭农场土地抵押债权证券化示意图

四、家庭农场土地证券化融资中多元主体间农地产权关系

家庭农场土地实体资产证券化和土地抵押债权证券化过程中，参与主体包括家庭农场、金融机构、SPV、信用增级机构、信用评级机构、证券承销机构和社会投资者等，其中，信用增级机构、信用评级机构、证券承销机构作为土地证券化的中介机构根据协议以获取一定收益为目的，与家庭农场的农地权利不产生权利转移关系。证券是指各类记载并代表了一定权利的法律凭证，它用以证明持有人有权依其所持凭证记载的内容而取得应有的权益，资产证券化其实质是资产证券的发行者将被证券化的金融资产的未来现金收益权转让给投资者。因此，社会投资者作为土地证券的持有者其享有的权利仅仅是收益权，是其对持有的土地证券的收益权，对家庭农场的土地并不拥有直接的任何权利。故而，在家庭农场土地证券化融资过程中，土地权利问题主要产生在发起人与SPV之间。由于SPV分为三种类型：公司形式的特定目的机构（Special Purpose Company，SPC）、合伙形式的特定目的机构（Special Purpose Partnership，SPP）和信托形式的特定目的机构（Special Purpose Trust，SPT），同时，家庭农场土地证券化融资也分为土地实体资产证券化和土地抵押债权证券化两种模式。因此，不同类型的SPV与不同模式的家庭农场土地证券化融资产生的任意组合，使得家庭农场土地证券化融资过程中多元主体间土地产权关系存在着很大的差异。

在SPV采取SPC或者SPP的组织形式时，资产转移方式一般表现为发起人将基础资产以"真实销售"的方式转移给SPC或SPP，相当于发起人将基础资产"出售"给SPC或SPP。在家庭农场土地实体资产证券化过程中，从家庭农场角度来看，最终目的是以这些物权性质的农地权利向SPC或SPP融资，而不是为了获得"出售"物权性质的农地权利的对价；从SPC或SPP的角度而言，它并非以获得基础资产的正常"拥有者"地位为目的，而仅仅是有权以这些物权性质的农地权利为担保发行资产证券从事资金募集活动，由于"真实销

售"往往意味着发起人丧失基础资产的全部权利，包括对基础资产的支配和控制，然而，在家庭农场土地实体资产证券化过程中，如果家庭农场将承包地的全部权利转移归SPC或SPP，就意味着家庭农场将不能直接在已证券化的土地从事农业生产经营活动，SPC或SPP就面临着自行经营或委托第三方经营的问题。因此，本文认为，在家庭农场土地实体资产证券化过程中，家庭农场作为发起人与SPC或SPP之间转移的实际权利应为土地收益权。在家庭农场土地抵押债权证券化过程中，家庭农场是债务人和抵押人，金融机构则是债权人和抵押权人并成为证券化过程的实际发起人，资产转移发生在金融机构与SPC或SPP之间，金融机构将对家庭农场拥有的贷款债权完全转让给SPC或SPP，转让的贷款债权从金融机构的资产负债表上剥离。在大陆法系中，作为证券化债权资产担保的抵押权，在主债权转移时也应随之转让。因此，SPC或SPP一并拥有家庭农场土地的抵押权。

如果SPV采取SPT的组织形式，发起人与SPT之间形成信托的法律关系。《中华人民共和国信托法》关于信托的规定是"委托人基于对受托人的信任，将其财产权委托给受托人，由受托人按委托人的意愿以自己的名义，为受益人的利益或者特定目的，进行管理或者处分的行为"。根据委托人是否为受益人，信托可以分为自益信托和他益信托。由于在他益信托中，委托人转移信托财产是一种无对价的真实转让，类似于赠与。对于受益人来说，信托财产就是礼物，他可以不付任何对价地享受利益，而家庭农场土地实体证券化过程中，家庭农场作为委托人具有以信托财产为基础进行融资的目的，在家庭农场土地抵押债权证券化过程中，金融机构作为委托人具有转移风险和盈利的目的。因此，发起人（家庭农场或金融机构）与SPT应该是自益信托。家庭农场未来的土地收益权或金融机构的贷款债权与抵押权属于信托财产，发起人（家庭农场或金融机构）与SPT之间的信托关系一经设立，这些信托财产就从家庭农场主或金融机构的自有资产中分离出来，成为一种处于独立状态的财产，然而，对于受托人SPT而言，对信托财产取得仅仅是名义所有权而非法定所有权，因此，这些信托财产应该与属于SPT所有的财产相区别，

SPT必须将信托财产与其固有财产分别管理、分别记账，不得归入SPT的固有财产或者成为固有财产的一部分。然而，SPT有权基于"受益人利益最大化"的原则对信托财产行使管理处分权，就处分而言，理论上有事实上的处分与法律上的处分两种，但是依据《中华人民共和国信托法》第二十二条规定当SPT违反信托目的处分信托财产或者因违背管理职责、处理信托事务不当致使信托财产受到损失的，委托人（家庭农场或金融机构）有权申请人民法院撤销该处分行为。

五、研究结论与讨论

（一）研究结论

家庭农场可以通过土地证券化的方式筹集资金，具体模式包括土地实体资产证券化和土地抵押债权证券化两种形式。在家庭农场土地证券化融资过程中，土地权利问题主要产生在发起人与SPV之间。由于SPV分为三种类型：SPC、SPP、SPT，因此，不同状态组合下的农地权利转移关系是存在很大差异的。当SPV为SPC、SPP两种类型时，在家庭农场土地实体资产证券化过程中，家庭农场作为发起人与SPC或SPP之间转移的实际权利应为土地收益权。在家庭农场土地抵押债权证券化过程中，SPC或SPP一并拥有家庭农场土地的抵押权。当SPV为SPT时，家庭农场土地实体证券化过程中，家庭农场作为委托人具有以信托财产为基础进行融资的目的，在家庭农场土地抵押债权证券化过程中，金融机构作为委托人具有转移风险和盈利的目的，因此，发起人（家庭农场或金融机构）与SPT之间应该是自益信托关系。

（二）讨论

1.家庭农场土地证券化融资过程中的"真实销售"问题

以真实销售的方式转移资产是实现资产证券化风险隔离机制目标的主要手段之一，发起人在以"真实销售"方式将土地资产处置给SPV后，这部分土地资产将转移到发起人的资产负债表以外，在发起人破产时，发起人的其他债权人对发起人已经转移给SPV并用于证券化的基础资产没有索取权，由此SPV将被打造成为一个名副其实的"破产隔离实体"，从而确保了基础资产支持证券的持有人能够得到及时足额的偿付。那么，在资产证券化过程中，发起人与SPV之间的基础资产转移是否在法律定性上属于"真实销售"的认定就显得异常的关键。在资产证券化理论和实践最成熟的美国，"真实销售"的认定需要以下三个方面的条件：①发起人和SPV具有真实销售资产的意图；②证券化资产的权利和利益被完整地转移；③价格必须公平合理。发起人完全放弃对证券化资产的支配权、控制权，将基础资产上承载的主要风险和报酬全部转移给SPV，丧失对证券化收益支付完全部投资者利益后剩余收入的享有权。那么，家庭农场将相应的农地权利转移给SPV之后，是否会产生所获得资金是以丧失农地权利为代价的后果，是非常关键的法律性质认定。由于家庭农场是以经营规模化土地为主要收益来源的，以出售土地换取资金的策略实质上是与家庭农场的规模化经营的宗旨相背离的，然而，转移资产如果不是真实销售而是担保融资，基础资产仍保留在发起人的资产负债表上，基础资产所有权在法律上仍属于发起人的资产，一旦发起人破产，其财产仍可能被冻结或查封，证券投资人债权的按期偿付将难以得到保证。同时，在中国土地公有制的大背景下，家庭农场、金融机构与SPV之间围绕农地权利产生的"真实销售"行为，是不是能够单纯地将集体经济组织这一土地所有者完全抛开，家庭农场将物权性质的农地权利完全转移，那么，SPV与集体经济组织之间的关系又该如何界定？这类问题的妥善解决和处理关系到土地证券化的成败。

2.家庭农场可以进行土地证券化融资的土地范围界定问题

在农村土地"三权分置"的法律制度下，家庭农场与众多农户之间产生交易的是土地经营权，土地承包权仍然掌握在农户手中，土地所有权未发生任何改变。故而，家庭农场通过出租（转包）、入股等方式获得的土地经营权，其权利性质到底是物权还是债权？这个问题在学术界还存在着较大的争议，虽然部分学者认为土地经营权属于用益物权，但是一些学者经由文义、体系与法目的解释的通盘思考，认为土地经营权应属于债权，与此同时，家庭农场对集中起来的规模化土地中自己承包的土地、承接农民转让的土地、互换而来的土地享有物权性质的农地权利，两种类型的土地在家庭农场这一广阔的物理空间上纵横交错，且两种类型的土地数量占比在不同家庭农场呈现巨大悬殊，那么，如果土地经营权由于期限短、难变现等原因而被认定为债权性质的农地权利，进而不被允许土地证券化融资，这无疑会将家庭农场的大部分土地排除在外，同时，使得可以进行土地证券化融资的土地呈现分散、零碎、不集中的特点，不利于经济效益的发挥，使得这部分土地资产的经济价值受到极大抑制。如果允许债权性质的农地权利进行土地证券化融资，家庭农场将农地权利以"真实销售"为目的转移给SPV是不是一种越权的农地权利处置行为，是否造成了对农户土地权益的实质性侵害，是值得思考和斟酌的。

参考文献

[1] Frank Fabozzi, Modigliani. Capital market: institutions and instruments [M]. Prentice-hall, 1996.

[2] 常焕焕. 农村土地证券化的法制问题 [D]. 延安：延安大学，2012.

[3] 陈培磊，郭沛. 金融支持家庭农场发展的现实障碍、国际经验及实现路径 [J]. 亚太经济，2020(4): 128-134.

[4] 戴月，李玫. 资产证券化中真实销售法律规制的比较研究 [J]. 当代经济管理，2016, 38(5): 91-97.

[5] 单平基. 土地经营权债权定性之解释论 [J]. 法学家，2022(4): 146-160.

[6] 邓大才. 试论农村土地承包权证券化 [J]. 财经研究，2003, 29(4): 48-54.

[7] 翟帅，张腾豪. 普惠金融视角下农地经营权流转证券化的技术可接受分析 [J]. 农村经济，2017(3): 31-37.

[8] 杜继勇. 我国农村土地资产证券化问题探讨 [J]. 农业经济，2010(5): 43-45.

[9] 公茂刚, 巩子晗. 我国农地金融融合发展演化博弈分析[J]. 投资研究, 2022, 41(2): 4-21.

[10] 顾长河, 张婧, 朴光洙. 信托关系的本质及信托财产独立性[J]. 商业现代化, 2007(28): 279.

[11] 郭步超. 农村土地证券化与中国农村土地金融体系构建新论[J]. 生产力研究, 2009(2): 23-25.

[12] 何小锋. 资产证券化: 中国的模式[M]. 北京: 北京大学出版社, 2002: 154-166.

[13] 黄亚洲. 论《民法典》视域下土地经营权的物权属性[J]. 东南大学学报(哲学社会科学版), 2022, 24(S1): 31-34.

[14] 黄勇. 债权资产证券化信息披露:"纵主横辅"模式探讨[J]. 社会科学, 2013(12): 100-107.

[15] 惠献波. 农村土地证券化: 国际经验借鉴与中国机制设计[J]. 南方金融, 2014(12): 63-66.

[16] 姜雪松. 我国资产证券化问题研究[J]. 对外经贸, 2007(6): 104-106.

[17] 李航, 李锋, 陈浩等. 农村土地证券化投融资实现机制研究——以海南省国有土地承包金资产支持专项计划为例[J]. 经济论坛, 2022(6): 75-82.

[18] 刘灵辉, 刘燕. 家庭农场土地适度规模集中实现过程中的博弈研究[J]. 中国人口·资源与环境, 2018, 28(9): 150-157.

[19] 楼建波, 刘燕. 论信托型资产证券化的基本法律逻辑[J]. 北京大学学报(哲学社会科学版), 2006, 43(4): 121-129.

[20] 罗琼芳. 农村土地证券化经济可行性实证分析[J]. 生态经济, 2013 (5): 144-146+150.

[21] 马义华. 农村土地产权流转制度的缺陷与农地证券化选择[J]. 改革与战略, 2011, 27(2): 97-99.

[22] 马义华. 证券化——农村土地制度改革的现实选择[J]. 学术论坛, 2012(8): 136-140.

[23] 王璇. 我国农村土地证券化法律问题研究[D]. 南京: 南京农业大学, 2010.

[24] 吴弘, 许淑红, 张斌. 不动产信托与证券化法律研究 [M]. 上海: 上海交通大学出版社, 2004: 26.

[25] 伍兴龙. 资产证券化风险隔离机制之法律问题研究 [D]. 北京: 中国政法大学, 2004.

[26] 徐淑萍. 论推进农村土地使用权证券化的重要意义 [J]. 农业经济, 2001(4): 30-32.

[27] 许多奇. 资产证券化中的债权让与法律问题 [J]. 武汉大学学报 (哲学社会科学版), 2004, 57(1): 100-103.

[28] 张瑞刚. 农村土地证券化运行模式及经济绩效分析 [J]. 网络财富, 2010(7): 91-93.

[29] 周乾. 论信托受托人的特殊权利 [J]. 晋中学院学报, 2014, 31(6): 55-58.

[30] 朱玉林, 李佳, 何冰妮. 农村土地证券化经济可行性研究 [J]. 生产力研究, 2008(9): 37-38.

2023 乡村振兴（太谷）论坛观点综述

王慧敏　李　竣　郑庆宇　黄　义

（农业农村部农村经济研究中心）

2023年9月25—26日，农业农村部农村经济研究中心、中共山西省委农办等单位在山西省晋中市太谷区阳邑小镇举办"2023乡村振兴（太谷）论坛"。本届论坛的主题是"加快建设农业强国，推进农业农村现代化"，中央农村工作领导小组办公室、全国人大农委、国家发展改革委、山西省委、省政府等单位的领导、专家和"三农"领域知名学者及有关方面共300多人参加了论坛。与会专家、学者深入学习习近平总书记关于"三农"工作的重要论述，深刻认识农业强国建设的时代背景和重大意义，总结探讨推进农业农村现代化的实践探索和问题挑战，围绕粮食安全、农业经营体制、农业科技创新、学习运用浙江"千万工程"经验等深入研讨交流，为全面推进乡村振兴积极建言献策。归纳专家、学者的意见建议，主要有以下五个方面：

一、保障粮食安全和重要农产品稳定供给始终是建设农业强国的头等大事

粮食安全事关国运民生，是国家安全的重要基础。主论坛上，与会专家不约而同关注粮食安全，讨论粮食安全和食物保障的现状、问题、挑战和建议。与会专家一致认为：粮食安全是推进农业农村现代化的必要条件和重要物质保障，总量不足、结构性矛盾突出是中国粮食安全和食物保障面临的长期挑战，在国际形势百年变局背景下，要树立和增强主要依靠自己力量端牢

饭碗的理念和能力，从提高粮食产能和消费端改革两手抓，同时合理利用国际市场和资源，保障中国粮食安全和食物有效供给。

（一）粮食供需"紧平衡"程度加深，总量不足结构性矛盾突出

专家指出，今后一个时期，我国粮食需求总量仍将刚性增长。食物消费结构优化带来的成长性需求、近3亿农民工市民化的转变性需求将长期存在。国内粮食产量在高台阶上新增产能时间跨度越来越长，资源环境趋紧、科技进步和装备支撑不充分，粮食综合生产能力面临挑战。世纪疫情、地区冲突等导致世界粮食贸易受阻，全球粮食安全形势恶化，粮食供给的压力不断增大，粮食供需"紧平衡"程度不断加深。专家认为，人多地少的资源禀赋决定我国粮食总量不足是基本现状，消费结构的变化使得结构性矛盾日益凸显。

（二）蛋白类等食物供需缺口不断扩大已成为端牢中国饭碗的短板和软肋

专家指出，近20年来，伴随我国城乡居民的食物消费结构从"吃得饱"到"吃得好"的历史性转变，部分重要农产品进口量不断增加，国内外产销格局发生重大变化。小麦、稻谷的自给率始终保持在97%以上，生产能力可基本满足国内口粮消费需要。食用植物油、大豆、食糖、肉类和奶类的进口不断增加，对外依存度方面，食用植物油70%、大豆85%、食糖40%、肉类超过10%、奶类30%。饲料、油料、糖料三料不足尤其突出。

（三）食物自给率和农产品竞争力下降是现今中国农业面临的重要挑战

专家指出，食物自给率是衡量一个国家食物安全的重要指标。我国以热量计算的食物自给率，从2000年的96.7%下降到2021年的74.1%，年均下降约1个百分点，且近几年下降速度明显加快，预测到2035年可能下降到65%左右。专家认为，我国食物自给率下滑的原因是食物消费结构的变化和农产品国际竞争力的减弱。土地流转费用、人工费用等的快速上涨使得我国农业生

产进入高成本阶段,这是人多地少国家发展到高收入阶段普遍遇到的问题,也是现阶段中国农业面临的挑战。

(四)保障粮食安全和重要农产品稳定供给需要多方面努力

粮食安全保的是生命安全、生存安全。专家认为,粮食安全的基础地位不能动摇,要强化忧患意识,坚守底线思维,主要依靠自己的力量端牢饭碗。专家指出,粮食安全与食物安全相辅相成、密不可分。要明确食物自给率底线,统筹好立足国内与适度进口的关系。专家认为,应从提高粮食产能和消费端改革两手抓,生产端抓住耕地和种子两个要害,消费端优化膳食结构,推广健康饮食,减少食用油消费。《中国居民膳食指南》推荐每人每天食用油消费25—30克,实际消费70多克。按照现每年消费植物油4000万吨,减量10%计算,就可节约1.5亿亩大豆播种面积或减少粮食进口20%。专家指出,要扩大畜禽业饲料用粮替代,控制产后环节损失浪费,提高重要农产品供给的安全系数。

二、推动实现高水平农业科技自立自强是建设农业强国的有力支撑

农业科技自立自强是保障国家粮食和重要农产品稳定供给的关键所在,是加快农业强国建设的有力支撑。与会专家一致认为:要构建推动农业强国建设的科技创新体系,挖掘农业科技在粮食安全中的贡献潜力,重视生物育种和智慧育种,加快农业机械转型升级。

(一)农业机械转型发展是推动农业农村现代化的重大任务

专家指出,党的十八大以来,我国的农业机械化加快发展。一是农机装备总量持续增加,农机的结构进一步优化。目前,我国农机总动力10.7亿千瓦,农机总量2亿多台套,居世界前列。二是农机作业水平不断提高,农机社

会化服务能力明显增强，在农村老龄化日益加深的背景下，为解决"谁来种地"问题发挥了重要作用。三是农机研发能力进一步提升，农机产业加快发展。我国农机装备制造的门类不断拓展，全国现能生产14大类、80小类、4000多种农机产品，能够满足国内90%的市场需求。专家认为，新时代的农业机械化发展正发生重大转变，一是从总量增加向结构优化转变；二是从技术研发推广向形成产业转变；三是从农业的部分环节、部分领域向全领域、全环节的应用转变；四是从高耗能、高成本向节能、减排、绿色、低碳转变。

（二）农业科技进步对粮食和重要农产品稳定供给的支撑不够

专家指出，当前我国农业科技创新成效不小，但贡献率低于发达国家20—30个百分点，像杂交水稻那样能带动农业科技革命的突破性成果不多，难以支撑14亿多人口的食物消费需求。专家表示，农业科技贡献不足表现在多方面。一是我国农业机械化和发达国家相比，还存在一些薄弱环节和短板亟待解决。农业机械化发展不平衡，优质高端农机具装备制造"卡脖子"问题也较为突出。二是我国粮食在收获、运输、储存、销售、加工环节的损耗浪费率超过11%，这些环节的科技创新明显不够。三是生物育种产业化滞后，导致近20年我国玉米、大豆单产水平与美国的差距逐步拉大，玉米单产约差300千克/亩，大豆单产约差100千克/亩，作物品种亟需迭代升级。

（三）扎实推动农业科技创新，提高粮食综合生产能力

面对农业科技发展的问题和挑战，专家建议，一是充分挖掘农业科技潜力。在农机装备方面，要提升农机装备研发应用水平，加强农机装备功能协同发展，重点发展大马力拖拉机、适宜丘陵山区的农业机械。在节粮减损方面，要加强科技创新，减少收获、储藏、加工等环节技术性、物理性损耗。二是以农机转型升级提高农业综合生产能力。坚持以农业机械转型发展推动"两藏"战略、节能减排、绿色低碳发展，推动全环节全领域机械化，加快

发展中国特色农业机械化事业。三是加大良种培育力度。既要抓紧农业生物技术，特别是分子育种、基因技术的研发应用，也要加快推动我国生物育种产业化发展。要加大知识产权保护力度、支持基因编辑技术攻关、创建育繁推一体化体制机制、完善种子审定管理办法，为种业科技自立自强、种源自主可控保驾护航。四要构建农业科技创新体系。一方面，立足本地优势特色产业，以技术攻关为引领、以市场需求为导向，聚焦核心关键领域，实现特优农产品量的突破和质的跃升。另一方面，不断完善"首席专家+科研院所+优势企业"联合创新体系，推动建设国家特色农产品种质资源中心。此外，还要强化农业技术推广体系建设，发挥农业企业在释放农业科技成果方面的引领作用，为新型农业经营主体提供多元化生产经营问题解决方案。

三、创新农业经营方式是建设农业强国的必然要求

创新农业经营方式是走中国特色农业现代化道路的内在要求。与会专家一致认为：建设农业强国，要求强有力的农业经营体系支撑，必须创新农业经营方式。

（一）土地经营方式由"农地农用农民用"向"农地农用全民用"发展

专家提出，现阶段土地经营方式由早期土地承包责任制下的"家家有地，户户种田"演变为"家家有地，户户不一定种田"的新经营格局。专家认为，当前保障粮食和重要农产品稳定安全供给、"人地分离"与农地资源保护和优化配置、工商资本下乡与发挥小农户基础作用、土地细碎化和农民组织化程度低等理论困境和现实要求，均对调整生产关系提出新要求。专家指出，随着工业化、城镇化快速推进，从事农业与非农产业都要求分工分业，推动"农地农用农民用"向"农地农用全民用"经营方式转变，粮食与其他资源性农产品生产需要推进规模化、专业化经营，这对解决"谁来种地、地怎么种好"问题，提高粮食生产效益，增加从业者收入，避免土地撂

荒十分有利。专家认为，农民合作社、社会化服务组织、产业化龙头企业等似乎更应被看作是统分的中间层，也就是统分结合的"结合"。专家提出，从经营制度创新的角度看，随着大量人口向城市迁移和大量农村劳动力向非农产业转移，农业生产尤其是粮食生产，不少地区尤其是经济发达地区和城市郊区，包括一般农区，不再由原承包户单家独户小块经营，而是通过土地经营权流转或托管、半托管的形式，由专业化的家庭农场、合作社或农业企业经营，未来农业生产"传承者兼业+外来者专业"的经营格局会是普遍趋势，这也是粮食等资源性农产品规模化生产经营的必然选择。

（二）大力发展农业社会化服务是大国小农国情下建设农业强国的有效途径

专家认为，农业社会化服务可以降低成本、提高收益、提高产量，是小农户和大部分规模经营主体的理性选择。党的十八大以来，农业社会化服务体系不断健全完善，服务功能明显增强，全国农业社会化服务组织已经达到104万家，服务面积已经达到18.7亿亩次，服务带动小农户达到8900万户。专家指出，根据农业农村部的连续跟踪调查，自家地自家种、流转土地规模经营、使用社会化服务三种经营模式中，使用社会化服务的经营模式成本最低、净收益最高。主要原因是地租推高了流转土地规模经营的生产成本，降低了农产品的市场竞争力，使用社会化服务能够规避地租过快上涨的风险。专家认为，由于当前我国流转土地发展集中规模经营主体的平均规模有限，大部分规模经营主体需要通过提供农业社会化服务摊薄农业机械等现代化设施设备成本，从而提高收益、回笼资金。专家提出，农业社会化服务是多种多样的，有完全托管，也有部分生产环节托管，有自主选择也有菜单式选择。专家强调，大国小农的局面不是能轻易改变的，我们将长期面对小规模经营的情况，所以要辩证看待规模经营，在有条件的地方应该鼓励土地流转集中规模经营，但是农民不愿意或一时不具备条件的，就应当大力发展农业社会化服务。

四、建设宜居宜业和美乡村是农业强国的应有之义

农村现代化是建设农业强国的内在要求和必要条件，建设宜居宜业和美乡村是农业强国的应有之义。与会专家一致认为：推进宜居宜业和美乡村建设的核心目标在于适应乡村大变迁大转型，推进乡村布局优化和治理现代化。

（一）宜居宜业和美乡村建设应关注和研究的重要问题

专家指出，建设宜居宜业和美家园是几亿农民的愿望。专家表示，我国乡村正在经历千年之变，村庄数量变少了，农民群体变老了，农村空心化老龄化加剧了。如何顺应人口迁移趋势，兼顾不同农民群众意愿和利益，优化村庄布局和建设，处理好基本公共服务均等化与公共资源高效化利用之间的关系，更好实现城乡融合协调发展；如何把握好政府主导与村民自治的关系，推动治理体系现代化同乡村社会转型节奏、农民接受程度相适应，提高乡村治理效能，保持乡村和谐稳定；如何塑形与铸魂并重，妥善解决乡村陈规陋习等问题，推进农村移风易俗，扶文化之贫，济精神之困，纠不正之风，塑造乡村良好风尚等等，都是全面推进乡村振兴过程中需要深入研究的大问题。

（二）学习运用好浙江"千万工程"经验推进宜居宜业和美乡村建设

专家建议，一是以学习运用好浙江"千万工程"经验为重要切入点和突破口。坚持以学习践行"千万工程"经验为引领，统筹抓好人居环境整治、城乡融合发展、乡村产业发展、绿色低碳发展、精神文明建设等重点任务，实现乡村由表及里、形神兼备全面提升。二是统筹县域城乡规划。提升县城市政设施建设水平和公共服务、产业配套功能，加快县域内城乡基础设施一体化，推动往村覆盖、往户延伸，全面提升城乡规划建设水平。三是统筹基

础设施和公共服务布局。加强乡村道路、供水、能源、通信、物流等基础设施建设，补齐教育、医疗、养老等服务短板，一体推进"污水、垃圾、厕所"三大革命，擦亮乡村生态底色，因地制宜打造各具特色的美丽宜居乡村。四是统筹乡村治理和乡风文明提升。践行新时代"枫桥经验""浦江经验"，常态化开展抓党建促基层治理能力提升工作，完善自治、法治、德治相结合的乡村治理体系，弘扬敦亲睦邻、守望相助、诚信重礼的乡风民风，引导群众听党话、感党恩、跟党走。

五、巩固拓展脱贫攻坚成果、防止发生规模性返贫是全面推进乡村振兴的一项底线任务

巩固拓展脱贫攻坚成果，防止发生规模性返贫是全面推进乡村振兴必须守住的底线。与会专家一致认为：要健全防止返贫动态监测和帮扶机制，促进脱贫群众持续增收，增强脱贫地区内生发展动力。

（一）行之有效的工作机制是巩固脱贫攻坚成果的有效抓手

巩固拓展脱贫攻坚成果是一项艰巨而繁重的任务。专家指出，过渡期内，各地探索积累了许多行之有效的工作机制和经验做法，值得总结和借鉴。如山西陵川以巩固拓展脱贫攻坚成果与乡村振兴有效衔接作为全县经济社会发展工作的统领。通过构建"三级书记+五支队伍"责任体系，形成"十抓落实"工作机制，狠抓防返贫动态监测等重点工作，通过技能培训、公益性岗位等形式促进脱贫人口充分就业，利用县级结对帮扶机制做好山区旅游、中药材产业、庭院经济等文章，2022年全县农民人均可支配收入同比增长18%。

（二）脱贫地区产业稳定发展和脱贫人口持续增收面临压力

专家指出，脱贫地区产业发展同质化、低端化问题突显。2021—2022

年，针对易地扶贫搬迁群众，共建产业化项目2.5万个，近一半集中在农业领域，部分项目针对性不强，效益不高。例如，山西脱贫山区大都发展核桃种植等林果业，产品特点不突出，脱贫群众丰产不丰收。扶贫车间以生产箱包、服装等产品为主，由于市场定位不清晰，一些扶贫车间订单不稳定，脱贫群众持续增收面临较大压力。专家指出，欠发达县53%地处国家重点生态功能区，产业发展面临较大制约，成年人口文盲率2020年仍高达7%，其中后10%的县甚至达21%，脱贫劳动力稳岗就业面临较大压力，增收形势不容乐观。

（三）增强脱贫地区内生发展动力是巩固拓展脱贫攻坚成果的关键

与会专家一致认为，应调动多方力量，增强脱贫地区内生发展动力。专家指出，重点抓产业，发展有地域特色的地理标志农产品，通过规模化经营、标准化生产、市场化运作，讲好产品故事、抓好产品销售、做好土特产文章。专家认为，应持续做好消费帮扶，提升扶贫车间发展质量。专家指出，应积极发展县域经济，提高县城的基础设施、就业供给和公共服务水平，重点加强教育设施投入，"一个孩子外出上学，带走一个家庭进城"，通过提升教育水平留住县城人口。专家认为，尽量兼顾低收入人口的利益诉求。增强易地扶贫搬迁群众的认同感和归属感。分类施策推进和美乡村建设。加强扶贫资产项目监管，提高扶贫资产项目可持续发展能力等都是需要关注的方面。

ABSTRACTS

Study on Key Issues of Stabilizing Production and Maintaining Supply of Grain and Other Important Agricultural Products in China in the New Era and New Journey

ZHANG Yibo, ZHOU Zhen, XIAO Xiao, TU Shengwei, LAN Haitao

Abstract: Under the new era and new journey, China's stability and guarantee of important agricultural products such as grain face significant external environmental changes, including the globalization of the economic camps, a new round of global agricultural policy games, major adjustments in food consumption structure, and the middle and later stages of urbanization. There are some risk points that cannot be ignored in the production, processing, circulation, storage, import and other aspects of important agricultural industry chain. Under extreme circumstances in the agricultural industry chain, the shortage of grain production and demand will exceed 110 million tons. In the context of a better life for the people, the upper limit of soybean self-sufficiency rate is only 36%. Therefore, it is urgently needed to coordinate the relationships between overall quantity security and rational structure, regular security and extreme guarantee, self-sufficiency and import balancing. We need to implement a coordinated resolution of the rice and bean dispute and the industrialization of biological breeding, promote a new round of action to increase the production of billions of kilograms of grain, fill the gaps in the supply chain of important agricultural products such as grain, build a modern grain production and supply system that meets both urgent and urgent needs, and build a global food supply chain dominated by China, with the aim of effectively enhancing the comprehensive production capacity, processing and distribution capacity, emergency supply capacity, and market control ability of important agricultural products such as grain.

Keywords: grain; important agricultural products; risk points

The Dilemma, Contradictions and Optimization of the Mechanism in the Integrated Development of Urban and Rural Areas in China

GUO Xiaoming , LUO Qiaoling, GAO Jie

Abstract: Integrating urban and rural development is an important part of the new development strategy. Since entering the new stage of development, China's urban-rural relations have shown a new trend of continuous optimization and integration. However, there are still a series of practical problems in areas such as equal exchange of urban and rural factors, free migration of population, and industrial integration. Analysis shows that the reasons for these practical problems in urban-rural integration development include the segmentation and allocation mechanism of urban and rural factors, the realization mechanism of property rights, and the efficiency differences among industrial sectors. Therefore, it is necessary to focus on five areas, including the market-oriented relationship between urban and rural factors, the free migration relationship between population, the industrial integration and synergy relationship, the spatial integration and optimization relationship, and the balanced supply relationship of public goods, to build an institutional system that is in line with the inherent laws of changes in urban-rural relations.

Keywords: urban-rural integration ; exchange of urban-rural factors ; the mechanism

Urban-rural integration, rural income growth, and common prosperity

CHEN Binkai, WANG Zidong

Abstract: The long-standing dualistic segmentation between urban and rural areas has constrained rural income growth and widened the urban-rural income gap. Urban-rural integration is an inevitable choice to address this chronic issue. The core of urban-rural integration lies in the organic combination of new urbanization and rural revitalization, aiming to enhance the efficiency of factors such as labor and land allocation, unleash economic vitality, and achieve coordinated urban-rural development. In practical terms, integrated urban-rural development needs to take into account both efficiency and equity, with the county town as the main carrier for promoting the equalization of urban and rural public services, reducing inequality of opportunity and promoting common prosperity.

Keywords: urban-rural integration; rural income; common prosperity

Promoting Agricultural and Rural Modernization in the New Era

YUAN Hongying

Abstract: Since the Eighteenth National Congress of the Communist Party of China, President Xi Jinping's philosophy on agriculture, the countryside and farmers, provides historical orientation and practical coordinates for the modernization of agriculture and rural areas. Historic achievements and changes in agricultural and rural development have achieved. On a new journey to build China into a modern socialist country in all respects, we need to scientifically analyze the increasing complexity of rural reform, the continuous deepening of urban-rural integration development, the more severe rural population aging, the reshaping of rural industrial system and other new challenges. Promoting the modernization of agriculture and rural areas, we should strengthen technological self-reliance and self-improvement, promote policy integration and innovation, comprehensively deepen reforms, and strengthen the focus of county-level units.

Keywords: the modernization of agriculture and rural areas; urban-rural integration development; China's strength in agriculture

Pathways and Policy Recommendations for Enhancing Consumption Upgrade among Rural Residents under the Strategy for Expanding Domestic Demand

ZHU Wenbo

Abstract: Consumption is at the heart of the strategy for expanding domestic demand, with rural residents harboring vast potential for consumption upgrades. In the new era, China's rural consumption levels have seen rapid enhancements, with a shift in consumption patterns towards more recreational and service-oriented purchases. The disparity in consumption between urban and rural regions, as well as regional inequalities, are pronounced yet showing signs of convergence. Rural consumption has evolved from traditional in-person transactions to online shopping and from local rural spending to increased consumption by urbanites in rural areas. Nevertheless, there is a pressing need to improve the consumption capabilities and desire of rural residents, along with the consumption conditions and environment in rural locales. Forecasting models for consumption demand suggest that rural consumption in China has substantial room for growth and elevation over the next decade. In a median growth scenario, the leading categories for consumption growth are projected to be healthcare, housing, and education, culture and entertainment. Moving forward, a multifaceted approach is essential to promote the advancement of rural consumption. This involves harmonizing an increase in both the desire to consume and the capacity to do so among rural residents, while simultaneously enhancing the conditions for consumption and the consumer environment in rural areas. The aim is to transition rural consumerism from a state of affordability and willingness to one of accessibility and superior quality, satisfying the residents' burgeoning and varied demands for premium, distinct consumption options. Such initiatives are expected to culminate in a thorough upgrade of consumption patterns and the full realization of the latent potential within domestic demand.

Keywords: strategy for expanding domestic demand; rural residents; consumption upgrade; pathways; policy recommendations

Logical Evolution and Value Orientation of the Reform of Rural Collective Property Rights System since Reform and Opening Up

MA Xin-hong , GONG Qianwen

Abstract: The reform of the rural collective property rights system is a major change in the field of property rights, and its reform practice not only concerns the immediate interests of the majority of farmers, but also has a far-reaching impact on the development of a new type of rural collective economy and the promotion of agricultural and rural modernization in China. Over the past 40 years since the reform and opening up, the reform of the rural collective property right system has gone through a logical evolution of four stages: starting, exploring, developing, and deepening. It has made the attribution of collective assets clear, and has mapped the bottom of the collective assets in rural areas; the definition of membership is clear, and it has strengthened the sense of belonging of the members of the collective organization; the internal power is given to the integrity, and it has safeguarded the lawful rights and interests of the farmers; and the circulation of the collective assets has been smoothed out and the flow of the collective assets is smooth, and the flow of the elements of the market has been promoted in both urban and rural areas. The effectiveness of this program has been achieved in four areas. In the future, we should adhere to the principle of "one game of chess for the whole country" and maintain consistency with the value orientation of the national system. In the process of consolidating and upgrading the results of the reform of the rural collective property rights system, it is possible to combine it with the development of a new type of rural collective economy, with the improvement of the supervision and management of rural collective assets, and with the mobilization of the motivation of members of collective organizations.

Keywords: reform and opening up; reform of rural collective property rights system; logical evolution; value orientation

Study on Financing of Land Securitization for Family Farm

LIU Linghui , LUO Yi

Abstract: Rural land securitization is an institutional innovation to solve the financing difficulties of new agricultural operators. New agricultural operators can "sell" the corresponding rights of farmland to special purpose vehicle within the operating period through the two modes of securitization of land entity assets and securitization of land mortgage creditor's rights. After asset restructuring, risk isolation, credit enhancement and credit rating, securities underwriters are invited to sell land securities to the public to finance the fund. In the process of land securitization financing for new agricultural operators, the transfer of farmland rights mainly occurs between the sponsor and special purpose vehicle. According to the different types of special purpose vehicle, it will bring about the transfer of land income right and land mortgage right, or self-interest trust relationship can be formed between them.

Keywords: family farm; land entity securitization; land mortgage securitization; financing; separation of three rights

投稿须知

一、投稿要求

1. 文章应当观点鲜明、论证严密、逻辑清晰、富有新意，语言简洁平易，不与现行的党和国家有关政策相抵触。

2. 文章须为原创学术成果，未曾公开发表，不存在剽窃、一稿多投、重复发表等学术不端行为。

3. 正文知网查重要控制在10%以下。

4. 标题应当简明、确切、具体，能够恰当反映论文内容，概括文章要旨，避免使用非公知的缩略语。必要时可加副标题。文章字数一般在15000字以内（包含图、表、参考文献），文章用字应为简体字，字词与标点符号的使用须符合现代汉语规范。引文须在来稿前核准。

5. 作者与单位。文稿作者署名人数一般不超过5人，作者单位不超过3个。第一作者须附简介，包括工作单位、地址、邮编、年龄、性别、民族、学历、职称、职务；其他作者附作者单位、地址和邮编。

6. 文章须提供中、英文标题、摘要。内容提要篇幅在200~300字。内容提要之下是中文关键词。一般可选3~5个反映主要内容的术语作关键词，词之间用空格隔开。

7. 图、表要精选精简。图上坐标名称、符号和单位必须齐全。图中数字、符号要非常清晰，以免造成错误，为了方便在编审过程中修改图表，须附上可修改图片的电子原文件。

8. 文中的公式使用公式编辑器录入。

9. 标题层级。标题层级清晰，一般不宜超过4级。标题行和每段正文首行均空两格。各级标题末尾均不加标点。

10. 计量单位、数字、符号文稿必须使用法定的计量单位符号。

11. 参考文献实行实引制，限为作者亲自阅读、公开发表过的文献。参考文献文中不标注，统一列在文后，英文在前（按首字母顺序排列），中文在后（按拼音首字母排列）。

专著、期刊、报纸和电子文献类等的参考文献著录格式请参考《信息与文献 参考文献著录规则（2015年版）》。

参考文献中英文部分文章名（著作名）英文诗词每个首字母大写。例如：[1]Morton L T. Use of Medical Literature. 2nd ed. London: Butterworths, 1977: 308-312凡不按上述规范要求的来稿不能进入审稿程序。

12. 基金项目。有基金资助的研究，可以列示基金项目名称和编号。例如，国家社会科学基金资助项目"扩大内需研究"（07BJL021）。

二、来稿须知

1. 为便于及时联系，来稿请注明通讯作者联系电话和电子邮箱。

2. 内容引用

稿件中引用他人的数据和图表必须注明资料来源。由于引用不当引发的一切著作权的责任由作者自负。

3. 作者义务

稿件应保证不涉及国家机密，未侵犯其他人著作权，非一稿多投，若出现相关问题，由作者承担全部责任。

4. 样书数量

本书出版后，寄送每位作者1册样书。

5. 稿件修改

为保证本书质量，在尊重原文的基础上，编辑部有权对来稿作出必要修改。凡不同意修改者，请在来稿时注明。请作者自留底稿，恕不退稿。

6.传播权限

稿件一经录用，其数字化复制权、发行权、汇编权及信息和网络传播权转让予《中国农村经济评论》编辑部。本部在与国内外文献数据库或检索系统进行交流合作时，不再征询作者意见。

三、投稿方式

投稿信箱：nongjing_tougao@163.com（邮件主题请注明"中国农村经济评论–作者–单位"字样）。

《中国农村经济评论》编辑部

2024年10月